大きな文字で
わかりやすい

小学生で習う漢字1026字

4年
202字

この漢字の本は、小学校で学ぶ漢字1026字を大きなわかりやすい文字で掲載し、形や読み、使い方が覚えやすいように配慮した漢字の見本帳です。

1年〜6年の各学年の配当別に漢字を紹介する巻と、索引巻の全7巻構成です。

漢字の本の引き方

本書の漢字は、音読みの五十音順に掲載しています。ページ内の読みの掲載順は、訓読みを先、音読みを後にしています。これは、訓読みのほうが和語で漢字の意味がわかりやすく、覚えやすいという配慮からです。引きにくいかもしれませんが、ご了承ください。

漢字の掲載巻・掲載ページにたどりつけないときは、索引巻の中の「音訓索引」を参照してください。

ページの見方

習う学年

ページ番号

大きく表示された漢字

漢字を構成するパーツ

丸数字は書く順番を示しています。

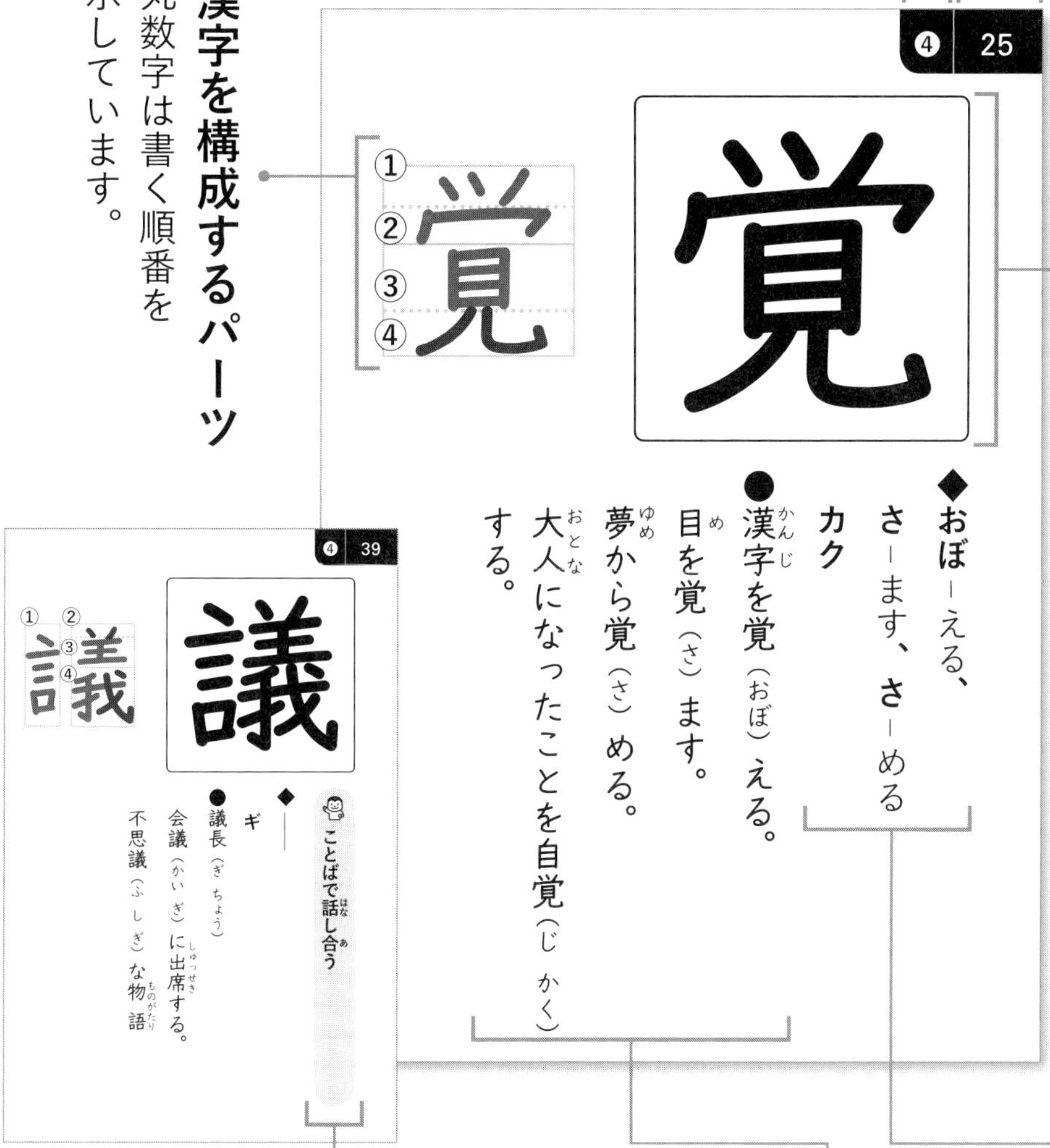

読み

訓読みは、ひらがな（送り仮名は「―」以下の細い字）で示しています。音読みは、カタカナで示しています。

用例

その漢字を使った言葉や文を示しています。用例の読みが促音化したり連濁した箇所には「＊」を付けました。ことわざや難しい熟語には意味を掲載しています。

漢字の大元《おおもと》の意味

漢字に音読みしかない場合には、どんなときに使う漢字かイメージしやすいように、その漢字のもつ大元の意味を掲載しました。

4年 もくじ

愛 ……… 1
案 ……… 2
以 ……… 3
衣 ……… 4
位 ……… 5
茨 ……… 6
印 ……… 7
英 ……… 8
栄 ……… 9
媛 …… 10
塩 …… 11
岡 …… 12
億 …… 13
加 …… 14
果 …… 15
貨 …… 16
課 …… 17
芽 …… 18
賀 …… 19
改 …… 20
械 …… 21
害 …… 22
街 …… 23
各 …… 24
覚 …… 25
潟 …… 26
完 …… 27
官 …… 28
管 …… 29
関 …… 30
観 …… 31
願 …… 32
岐 …… 33
希 …… 34
旗 …… 35
季 …… 36
器 …… 37
機 …… 38
議 …… 39
求 …… 40
泣 …… 41
給 …… 42
挙 …… 43
漁 …… 44
共 …… 45
協 …… 46
鏡 …… 47
競 …… 48
極 …… 49
熊 …… 50
訓 …… 51
軍 …… 52
郡 …… 53
群 …… 54
径 …… 55
景 …… 56
芸 …… 57
欠 …… 58
結 …… 59

建 …… 60
健 …… 61
験 …… 62
固 …… 63
功 …… 64
好 …… 65
香 …… 66
候 …… 67
康 …… 68
佐 …… 69
差 …… 70
菜 …… 71
最 …… 72
埼 …… 73
材 …… 74
崎 …… 75
昨 …… 76
札 …… 77
刷 …… 78
察 …… 79
参 …… 80
産 …… 81
散 …… 82
残 …… 83
氏 …… 84
司 …… 85
試 …… 86
児 …… 87
治 …… 88
滋 …… 89
辞 …… 90
鹿 …… 91
失 …… 92
借 …… 93
種 …… 94
周 …… 95
祝 …… 96
順 …… 97
初 …… 98
松 …… 99
笑 …… 100
唱 …… 101
焼 …… 102
照 …… 103
城 …… 104
縄 …… 105
臣 …… 106
信 …… 107
井 …… 108
成 …… 109
省 …… 110
清 …… 111
静 …… 112
席 …… 113
積 …… 114
折 …… 115
節 …… 116
説 …… 117
浅 …… 118
戦 …… 119
選 …… 120
然 …… 121
争 …… 122

倉 …… 123
巣 …… 124
束 …… 125
側 …… 126
続 …… 127
卒 …… 128
孫 …… 129
帯 …… 130
隊 …… 131
達 …… 132
単 …… 133
置 …… 134
仲 …… 135
沖 …… 136
兆 …… 137
低 …… 138
底 …… 139
的 …… 140
典 …… 141
伝 …… 142
徒 …… 143
努 …… 144
灯 …… 145
働 …… 146
特 …… 147
徳 …… 148
栃 …… 149
奈 …… 150
梨 …… 151
熱 …… 152
念 …… 153
敗 …… 154
梅 …… 155
博 …… 156
阪 …… 157
飯 …… 158
飛 …… 159
必 …… 160
票 …… 161
標 …… 162
不 …… 163
夫 …… 164
付 …… 165
府 …… 166
阜 …… 167
富 …… 168
副 …… 169
兵 …… 170
別 …… 171
辺 …… 172
変 …… 173
便 …… 174
包 …… 175
法 …… 176
望 …… 177
牧 …… 178
末 …… 179
満 …… 180
未 …… 181
民 …… 182
無 …… 183
約 …… 184
勇 …… 185

要 …… 186
養 …… 187
浴 …… 188
利 …… 189
陸 …… 190
良 …… 191
料 …… 192
量 …… 193
輪 …… 194
類 …… 195
令 …… 196
冷 …… 197
例 …… 198
連 …… 199
老 …… 200
労 …… 201
録 …… 202

愛

かわいがる／大事《だいじ》にする

◆ ―

アイ

● 愛情（あいじょう）

親《おや》は子《こ》どもを愛（あい）する。

案

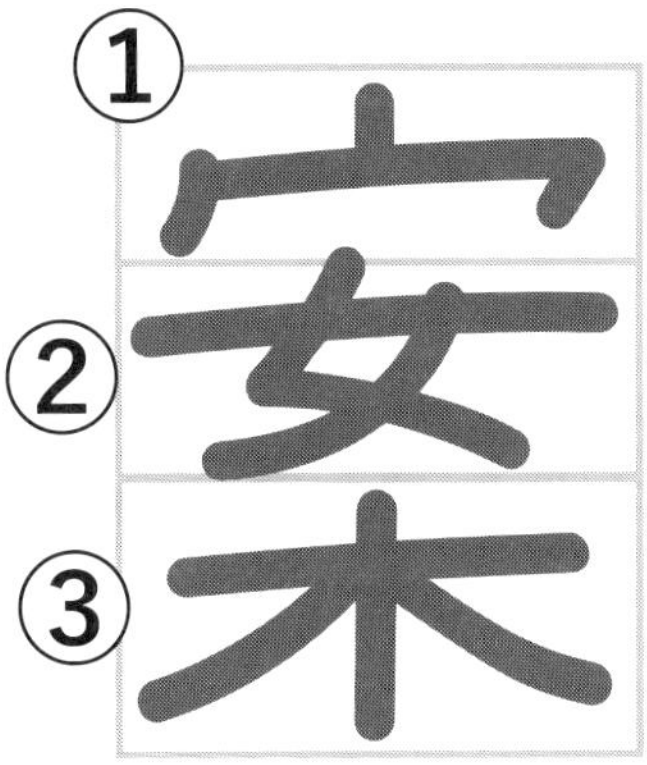

◆
—
アン

●案内（あんない）
よい案（あん）を出《だ》す。

考《かんが》える／計画《けいかく》

以

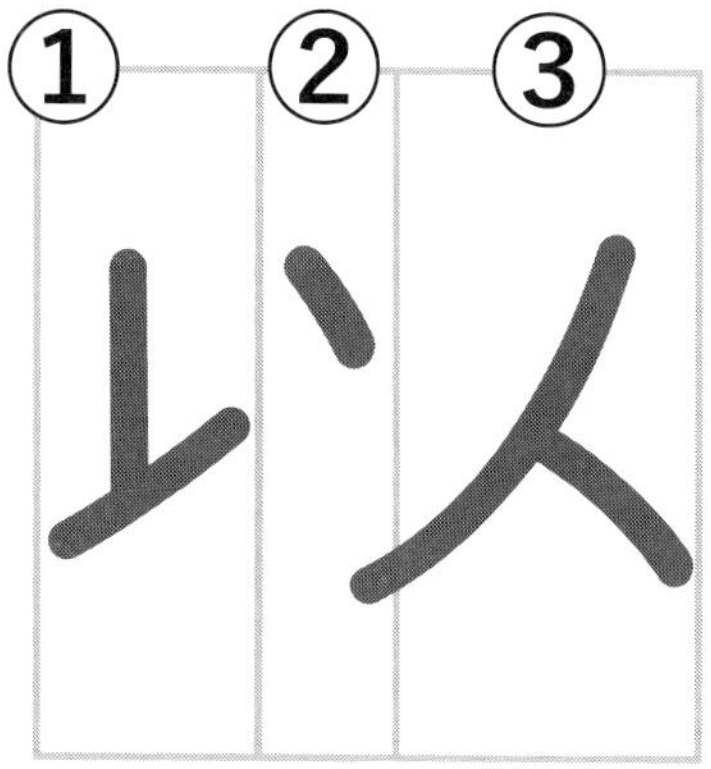

…をつかって／…から

◆ ─ イ

● 消《け》しゴムを3個《こ》以上（い　じょう）持《も》っている。

このテストは5分《ふん》以内（い　ない）に終《お》わる。

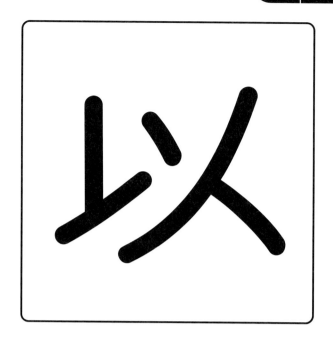

衣

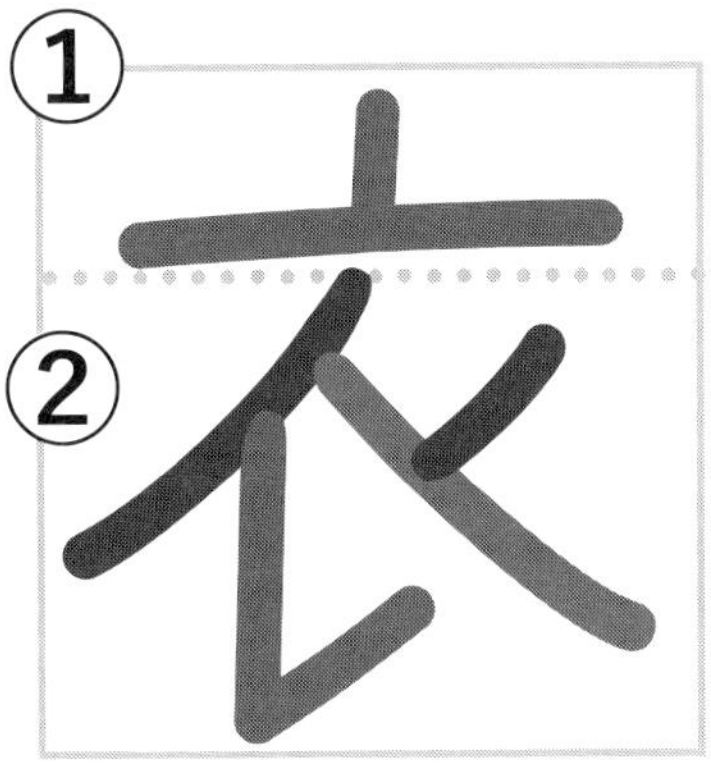

◆ころも

イ

●衣（ころも）がえの時期《じき》

衣服（いふく）

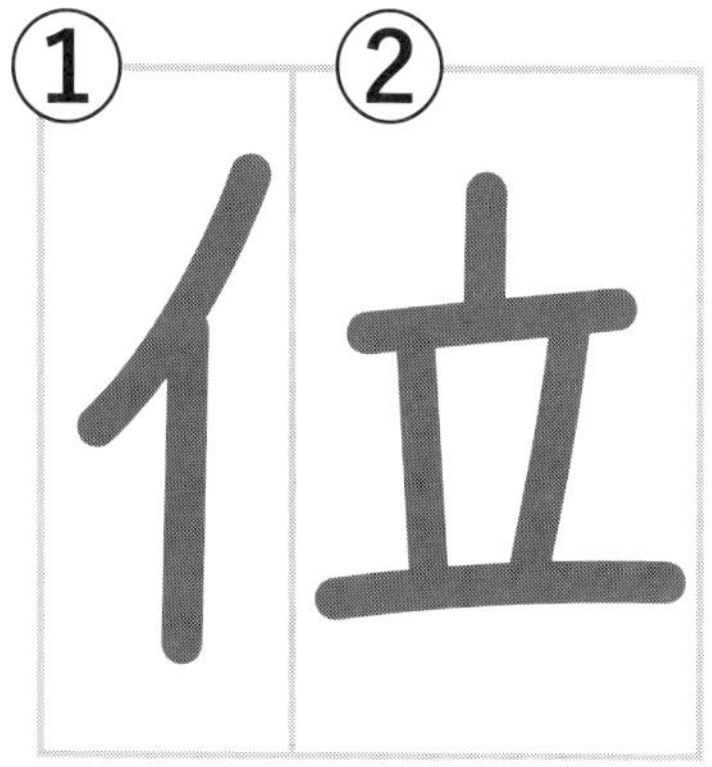

位

◆くらい

イ

●百《ひゃく》の位（くらい）

位置（いち）

マラソン大会《たいかい》で一位（いちい）になる。

茨

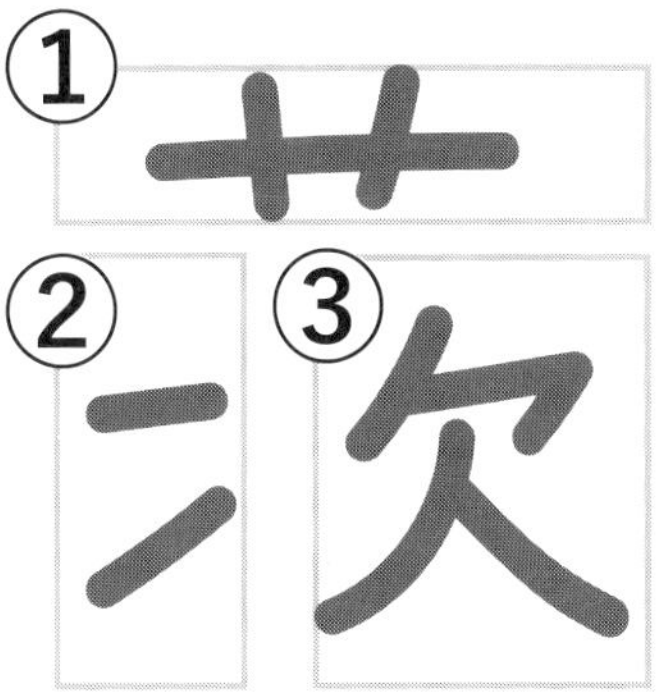

◆［いばら］

—

●茨城県（いばら　き　けん）

茨（いばら）の道《みち》を行《い》く。

＝苦労《くろう》が多《おお》い進路《しんろ》を行《い》くこと。

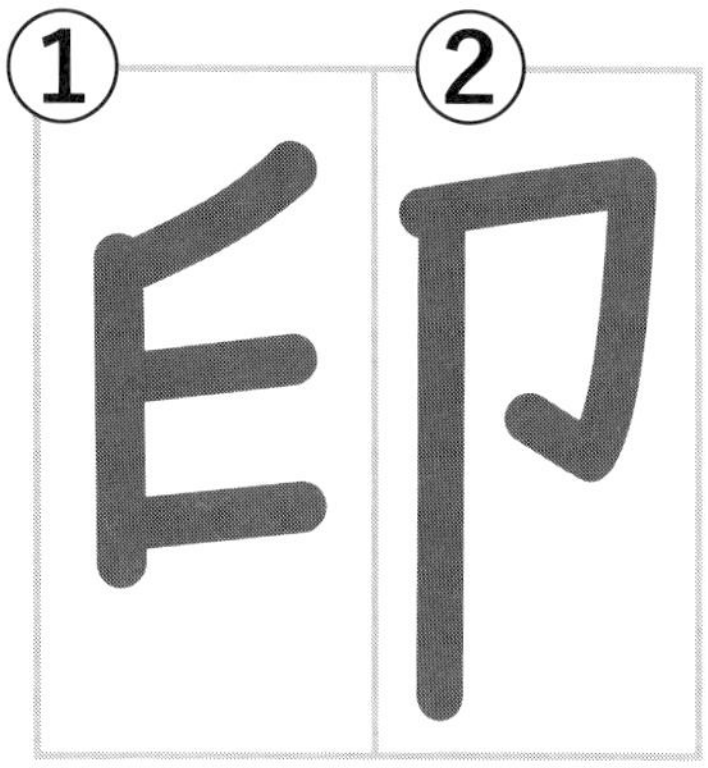

印

◆しるし

イン

●大事《だいじ》なところに印（しるし）を
つける。

資料《しりょう》をプリンタで印刷（いんさつ）
する。

印（いん）かん

英

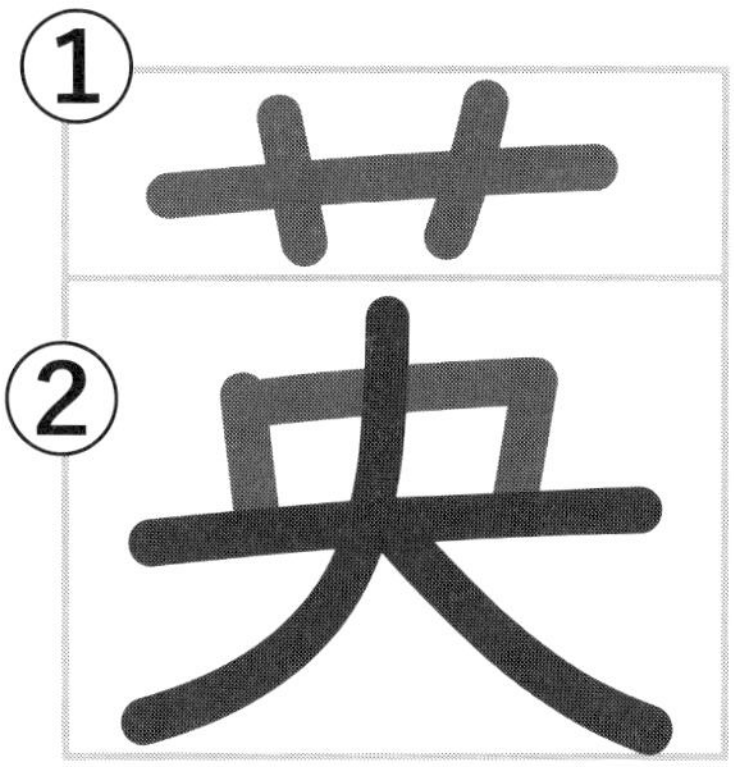

◆ ―

エイ

● 英国（えいこく）＝イギリス

英語（えいご）を学《まな》ぶ。

すぐれている／イギリス

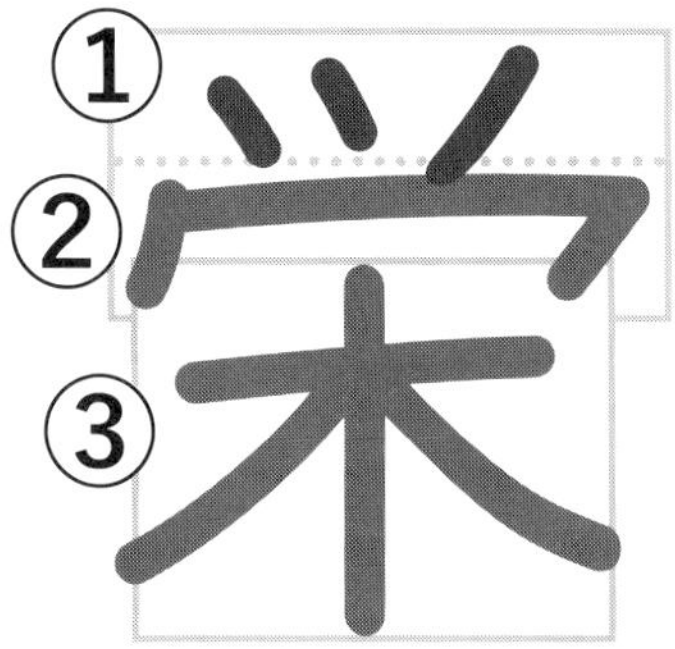

栄

◆さか－える、は－え、は－える

エイ

●町《まち》が栄（さか）える。

栄（は）えある勝利《しょうり》

栄光（えいこう）

媛

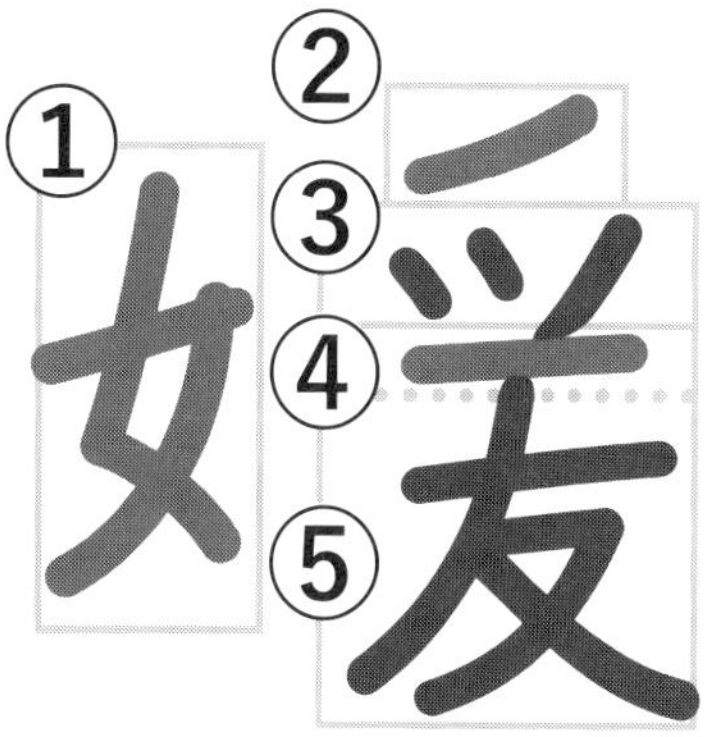

◆［ひめ］

［エン］

●愛媛県（えひめけん）

才媛（さいえん）

＝頭《あたま》がよく、知識《ちしき》のある女《おんな》の人《ひと》のこと。

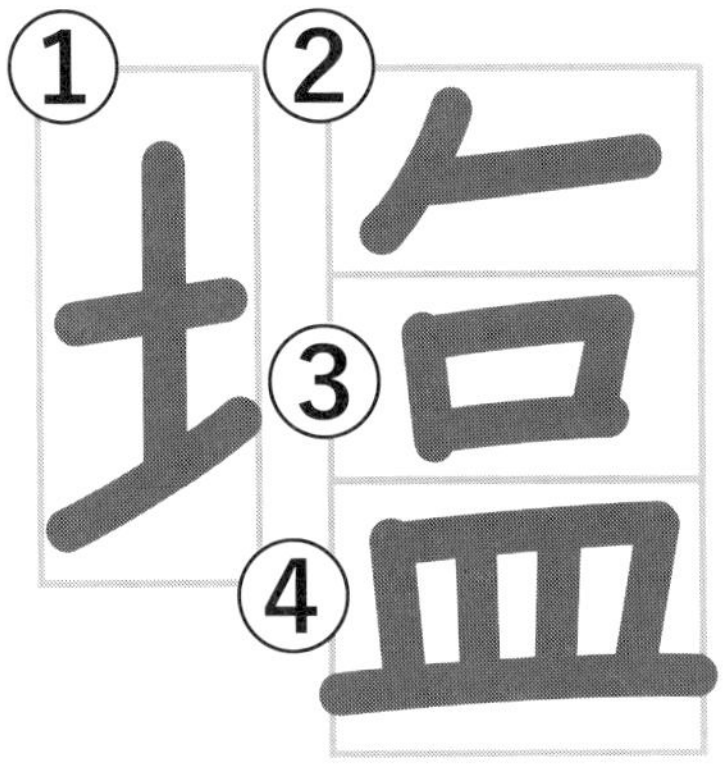

塩

◆しお
エン
●塩水（しお みず）
食塩（しょく えん）

岡

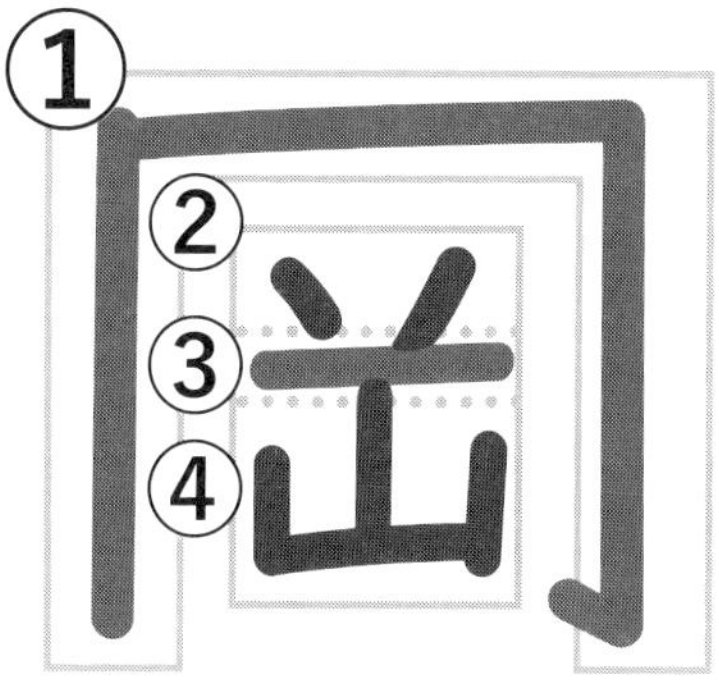

◆［おか］

●岡山県（おか やま けん）

福岡県（ふく おか けん）

億

一万《いちまん》の一万倍《いちまんばい》

◆ —

オク

● 三億年（さん　おく　ねん）

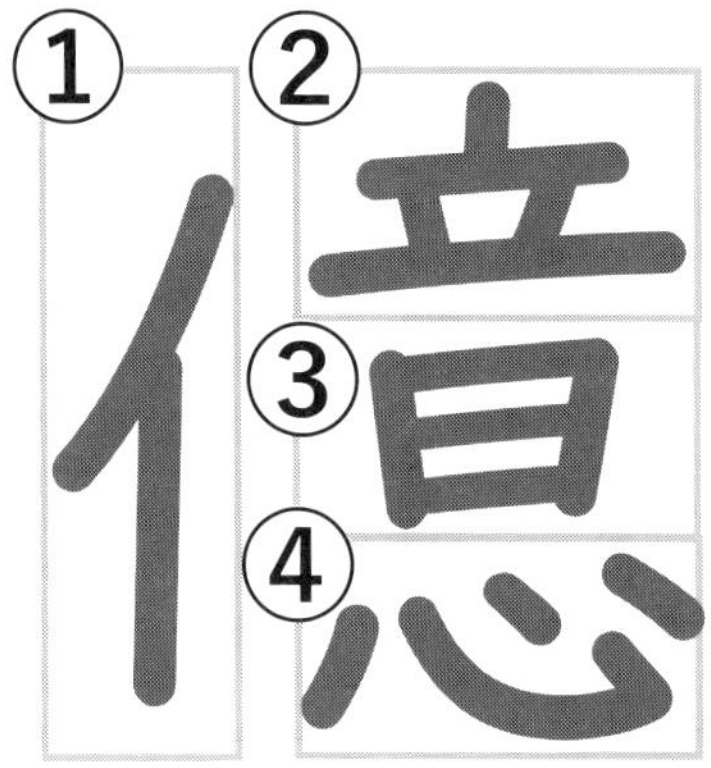

加

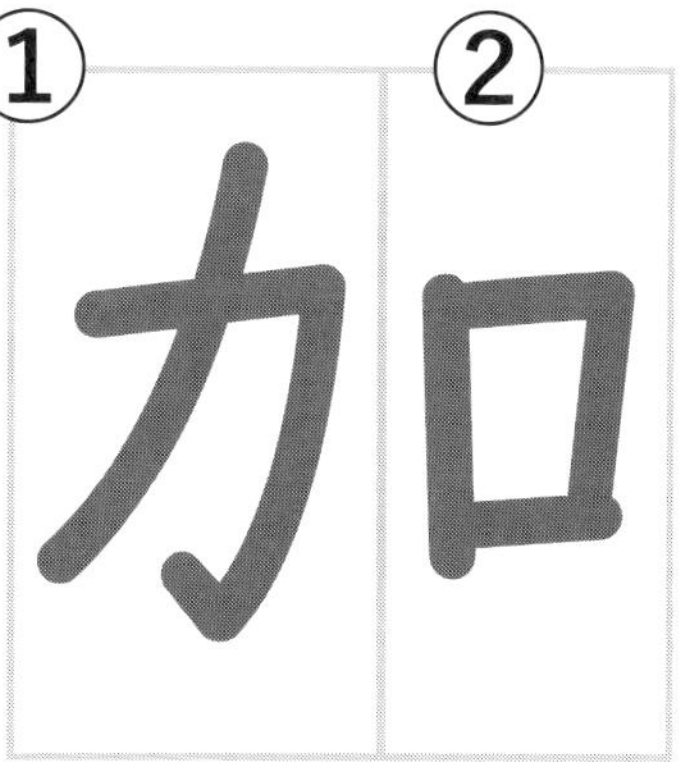

◆くわ－える、くわ－わる
カ

●小麦粉《こむぎこ》に水《みず》を加（くわ）える。
チームに加（くわ）わる。
保険《ほけん》に加入（かにゅう）する。

3+1=4

果

果

◆は－たす、は－てる、は－て

カ

●責任《せきにん》を果（は）たす。

困《こま》り果（は）てる。

果（は）てしなく広《ひろ》がる草原《そうげん》

果実（かじつ）

結果（けっか）

貨

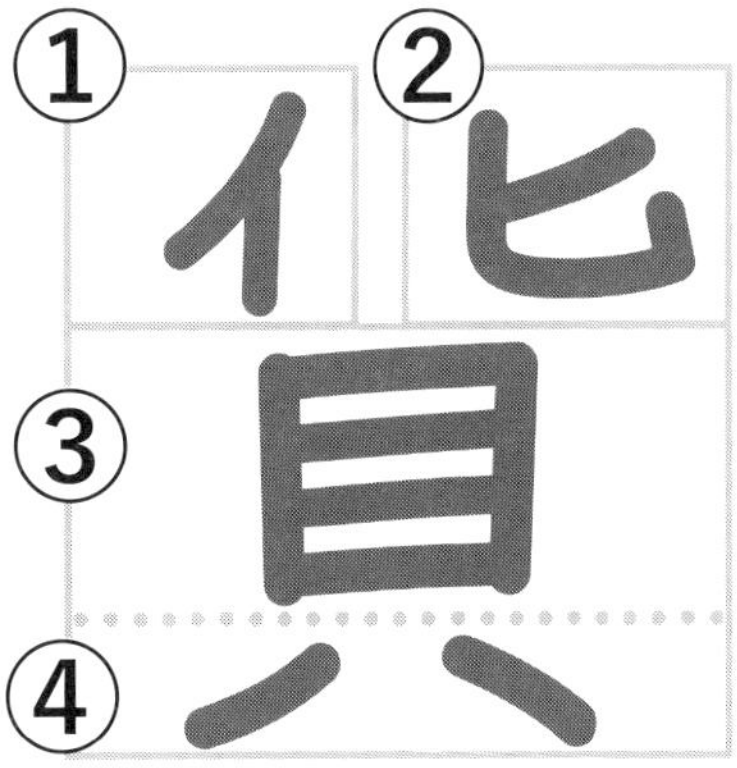

◆ ー

● カ

金貨（きんか）

通貨（つうか）

貨物船（かもつせん）

値打《ねう》ちのある品物《しなもの》

課

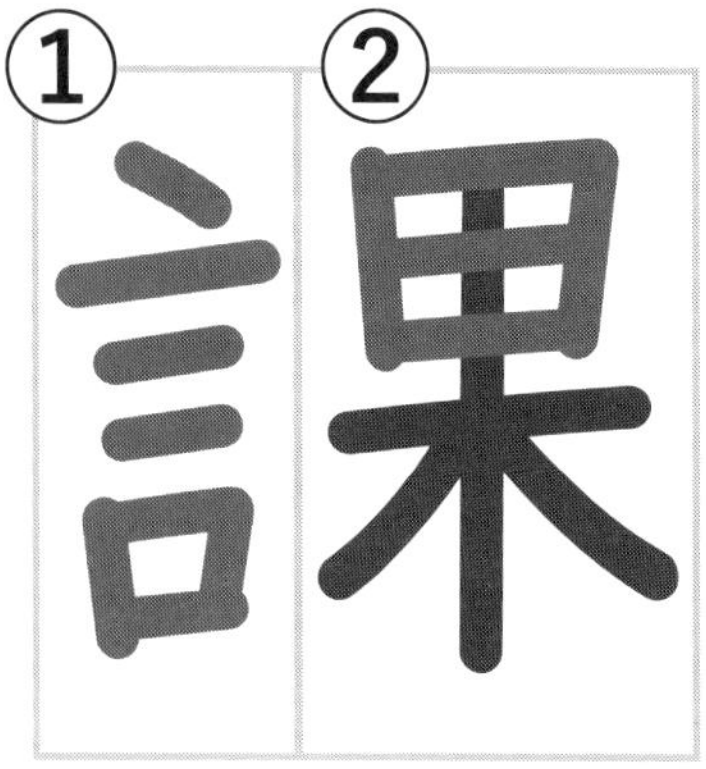

わりあて／仕事《しごと》の区分《くわ》け

◆
—
カ

●
日課（にっか）
放課後（ほうかご）
人手《ひとで》不足《ぶそく》が今後《こんご》の課題（かだい）だ。

芽

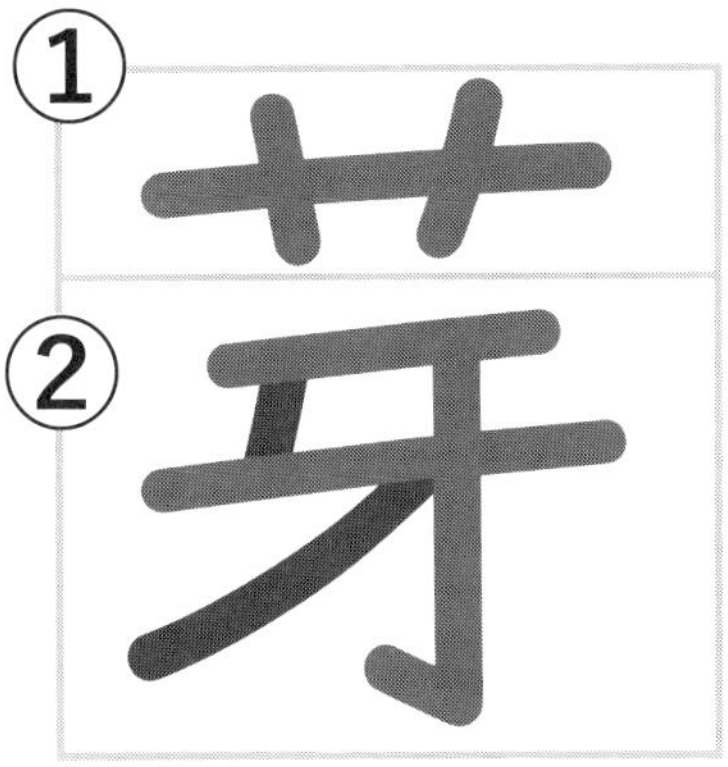

◆め

ガ

●あさがおの芽（め）が出る。

サツマイモが発芽（はつが）する。

賀

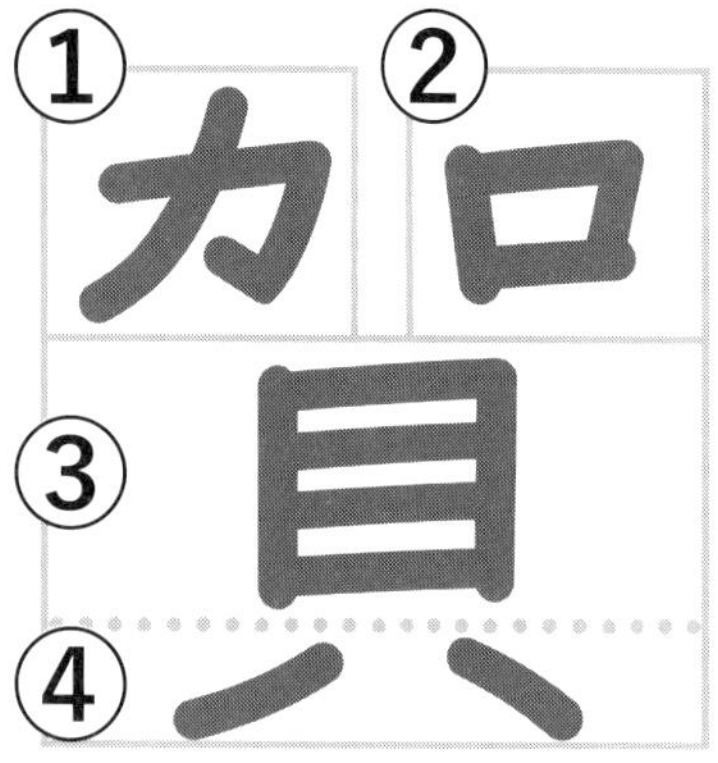

いわう／よろこぶ

◆ ―

ガ

●祝賀会（しゅくがかい）

年賀状（ねんがじょう）を書《か》く。

改

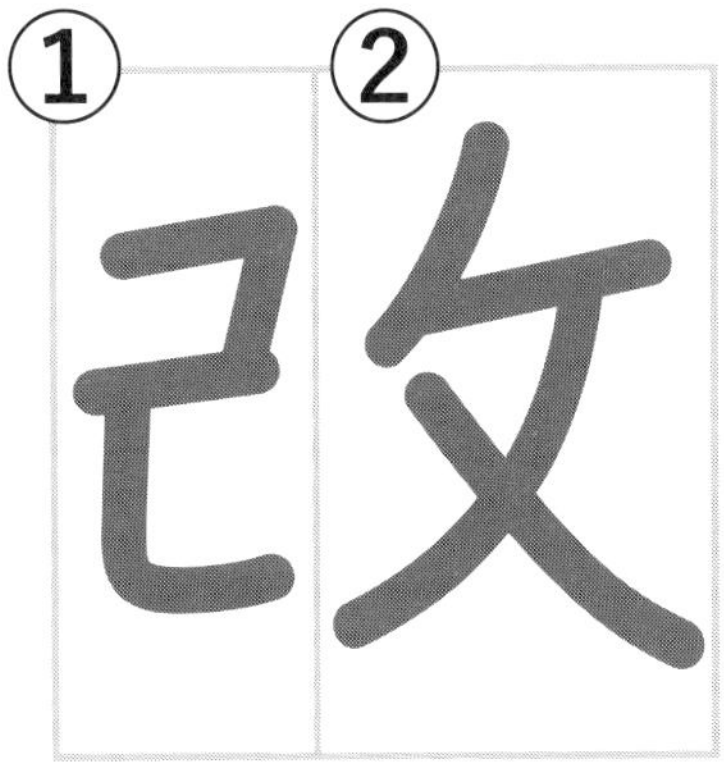

◆あらた-める、あらた-まる
カイ

●日《ひ》を改（あらた）める。
規則《きそく》が改（あらた）まる。
エンジンを改良（かいりょう）する。

械

① 木 ② 戒

しかけ／道具《どうぐ》

◆ —

カイ

● 機械（きかい）

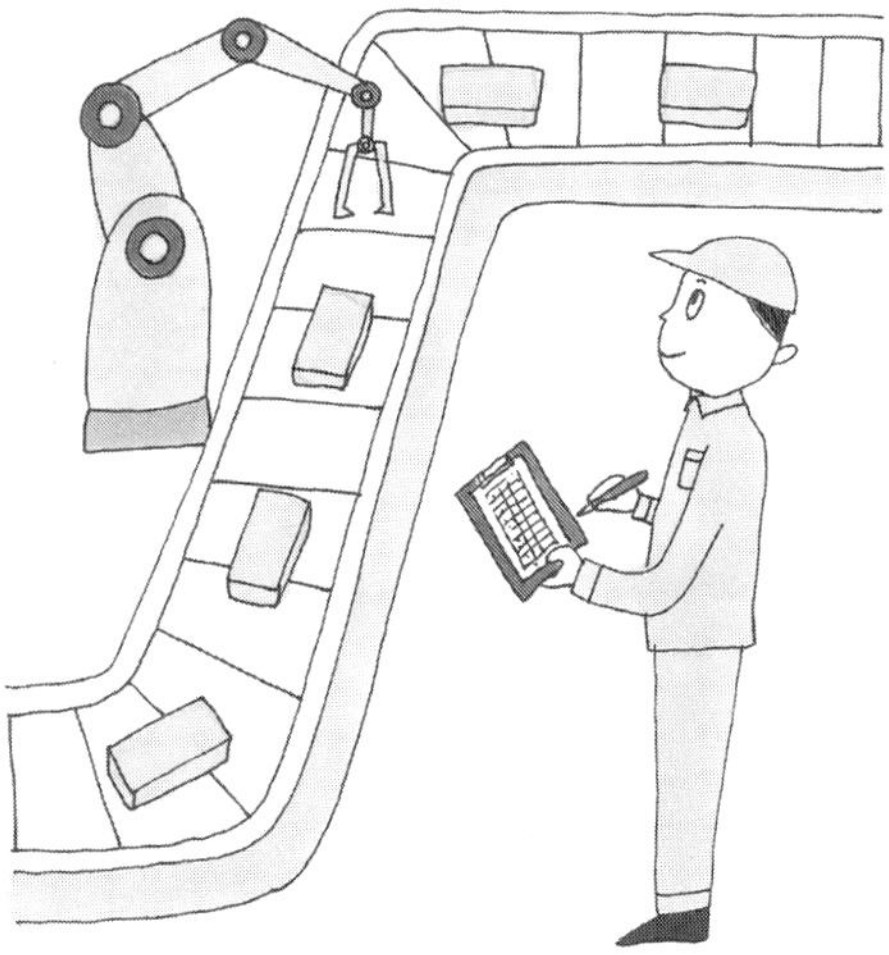

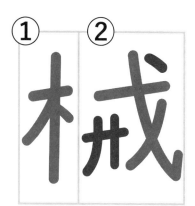

害

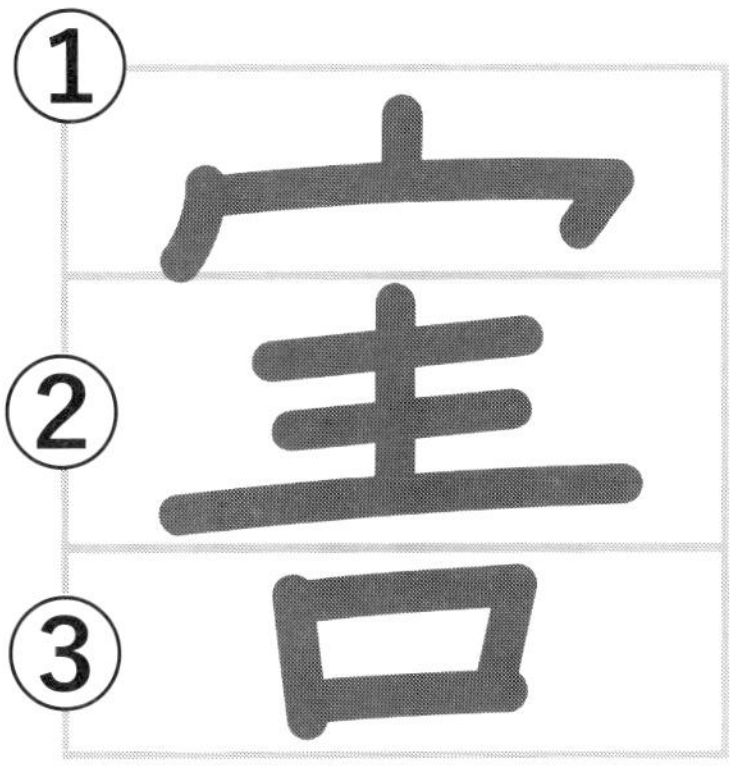

◆ —

● ガイ

害虫（がいちゅう）

災害（さいがい）に備《そな》える。

きずつける／じゃまする

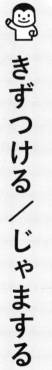

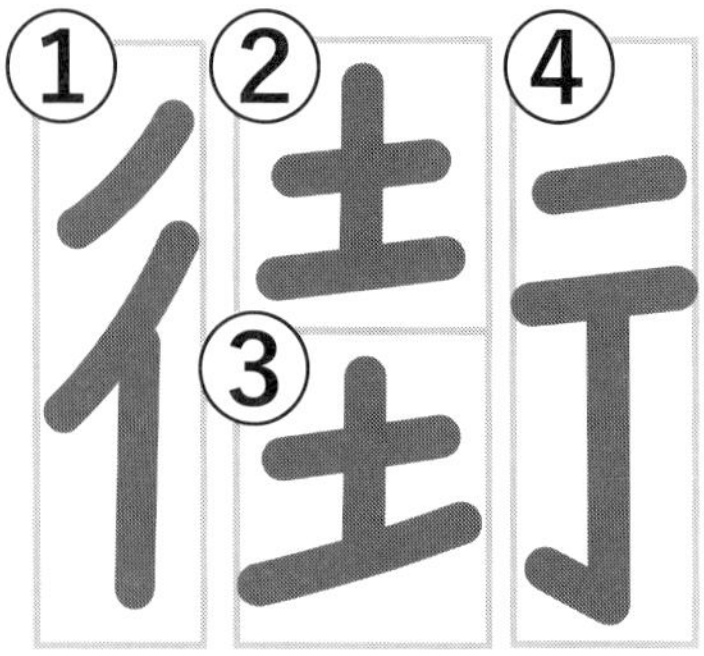

街

◆まち

ガイ、カイ

●その街（まち）は、にぎやかだ。

市街地（しがいち）

街道（かいどう）

各

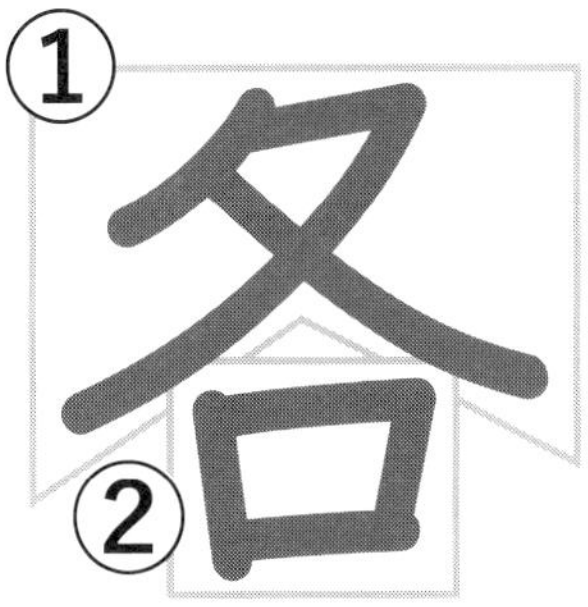

◆おのおの

カク

●学生《がくせい》各（おのおの）が意見《いけん》を述《の》べる。

※各々（おのおの）と書《か》く場合《ばあい》もある。

各自（かくじ）、お弁当《べんとう》を持《も》ってくること。

覚

◆おぼ－える

さ－ます、さ－める

カク

●漢字《かんじ》を覚（おぼ）える。

目《め》を覚（さ）ます。

夢《ゆめ》から覚（さ）める。

大人《おとな》になったことを自覚（じかく）する。

潟

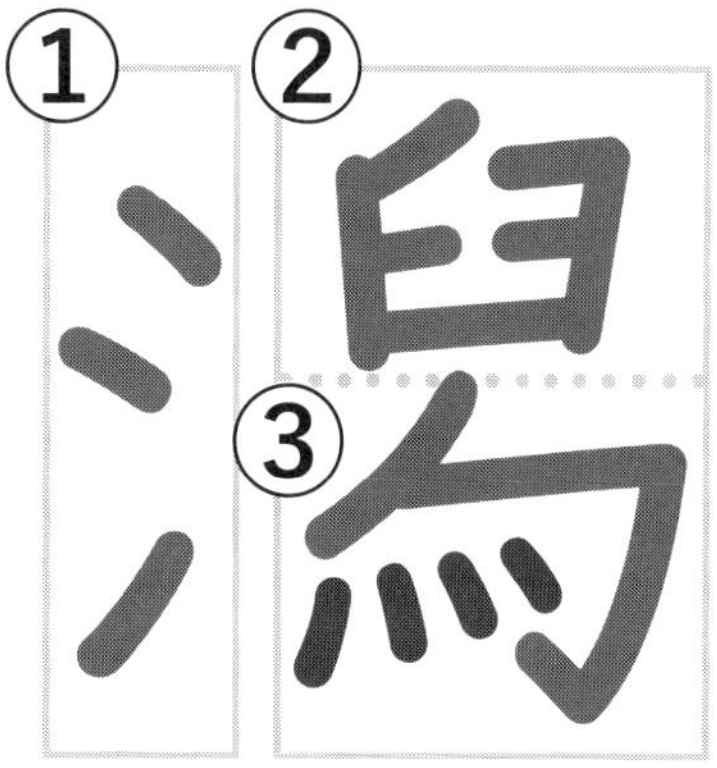

◆かた、［がた］

●新潟県（にい がた けん）

干潟（ひ がた）

＝海《うみ》の水《みず》が引《ひ》いたときにあらわれる砂《すな》やどろの土地《とち》。

水《みず》が出《で》たり入《はい》ったりする海岸《かいがん》

完

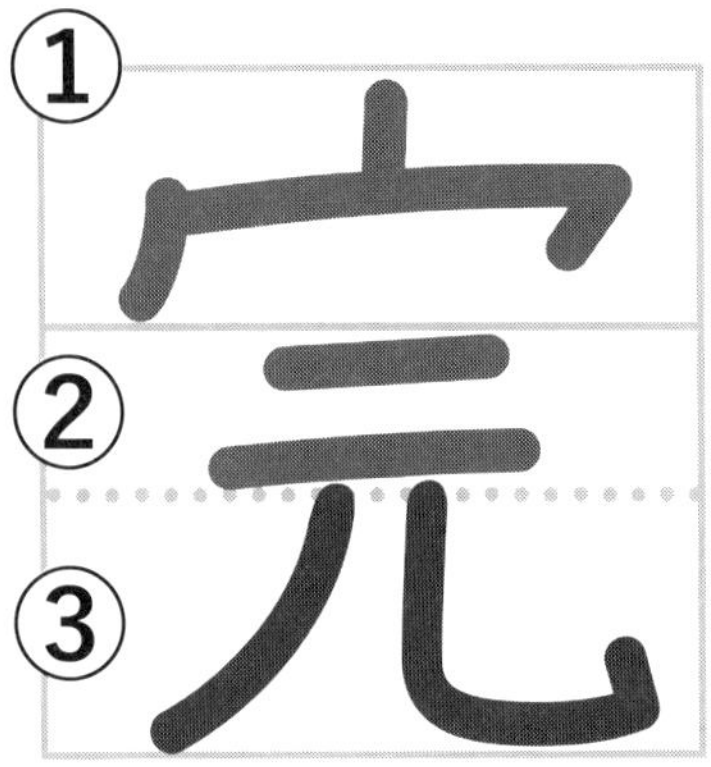

すっかりそろっている

◆ ―

カン

●ビルが完成（かんせい）する。

完全（かんぜん）に忘《わす》れていた。

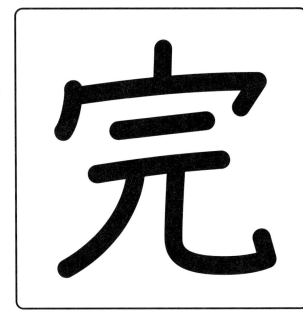

官

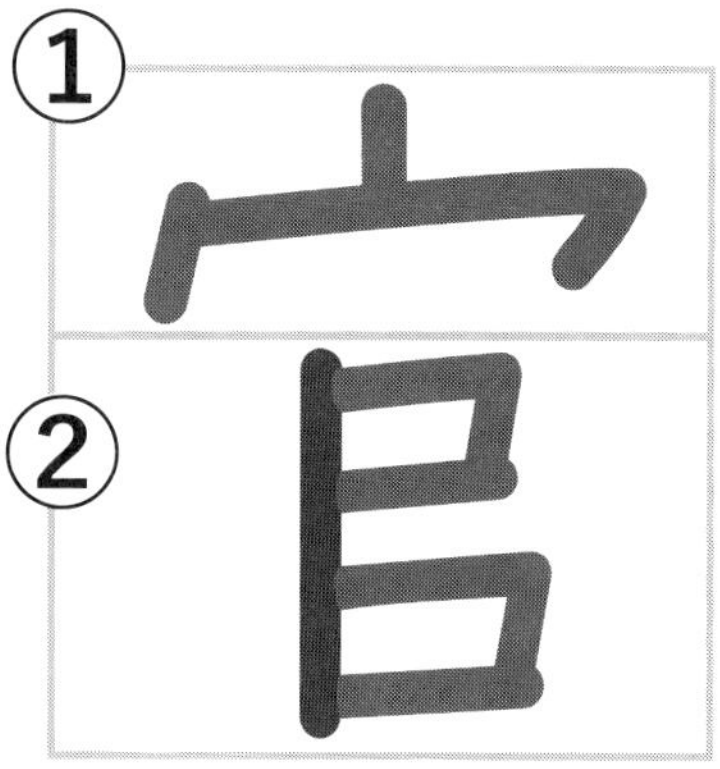

◆ —

カン

● 官庁（かんちょう）
外交官（がいこうかん）
器官（きかん）

役人《やくにん》・役所《やくしょ》

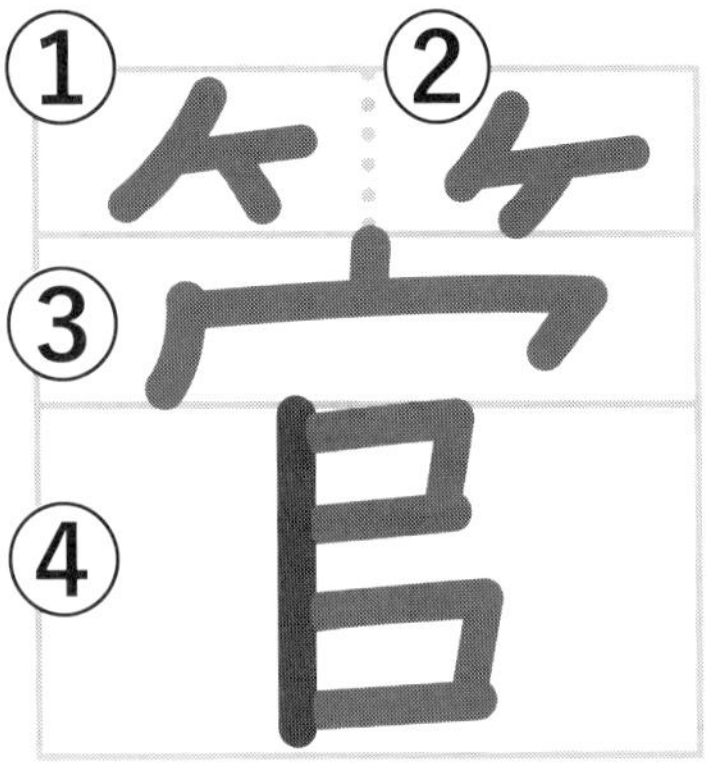

管

◆くだ
カン

●管（くだ）に水《みず》を流《なが》す。
血管（けっかん）
書類《しょるい》を金庫《きんこ》に保管（ほかん）する。

関

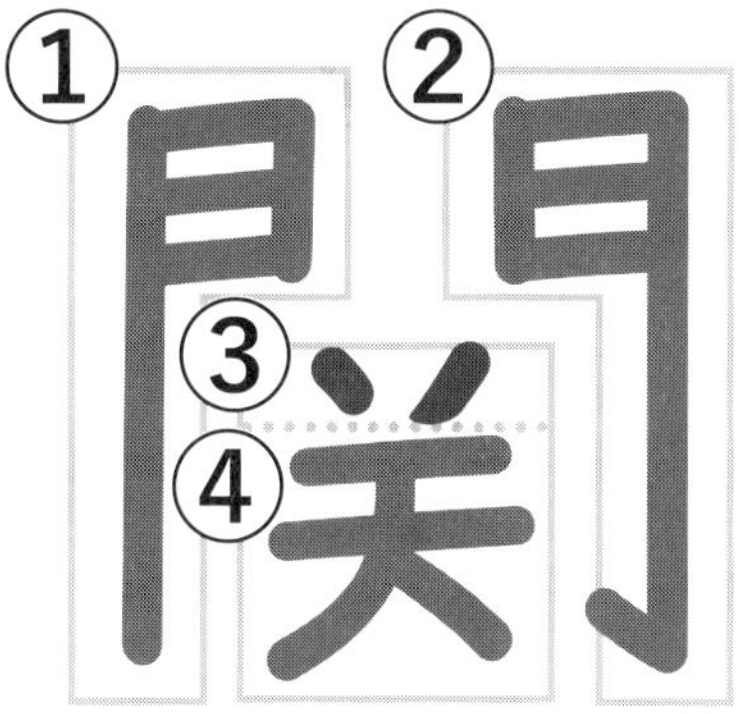

◆せき
かか－わる
カン

●関所（せき　しょ）
＝昔《むかし》、街《まち》と街《まち》を結《むす》ぶ道路《どうろ》で旅人《たびびと》の出入《でい》りや
荷物《にもつ》をしらべた役所《やくしょ》。

人命《じんめい》に関（かか）わる。

関節（かん　せつ）

雲《くも》と天気《てんき》の変化《へんか》には関係（かん　けい）
がある。

観

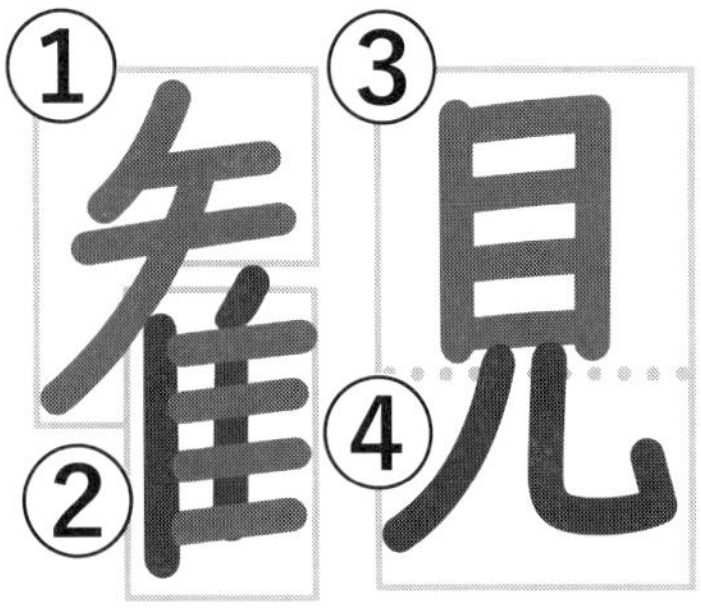

まわりを見《み》わたす

◆ —

● カン

京都《きょうと》へ観光（かんこう）に行《い》く。

月《つき》を観察（かんさつ）する。

楽観的（らっかんてき）な考《かんが》え

願

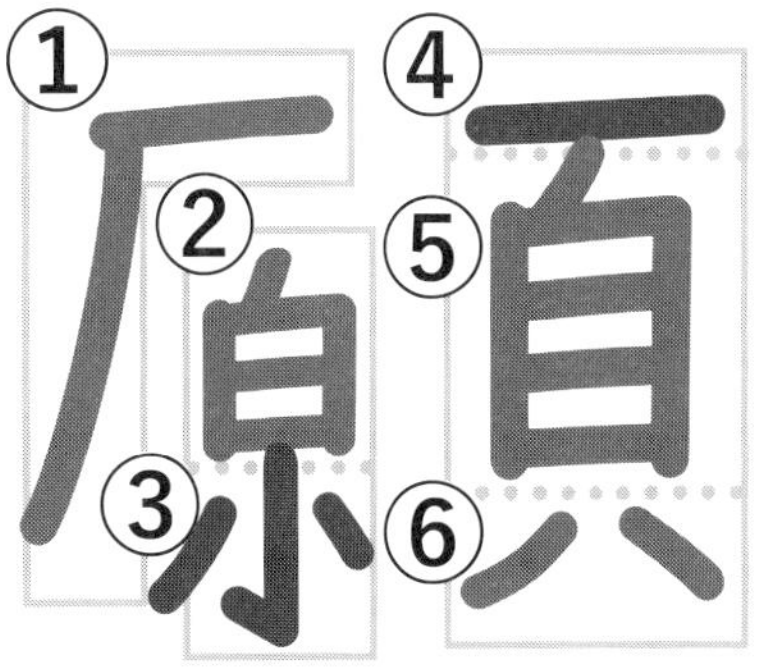

◆ねが－う

ガン

●明日《あした》 晴《は》れることを願（ねが）う。

入学《にゅうがく》願書（がん しょ）

岐

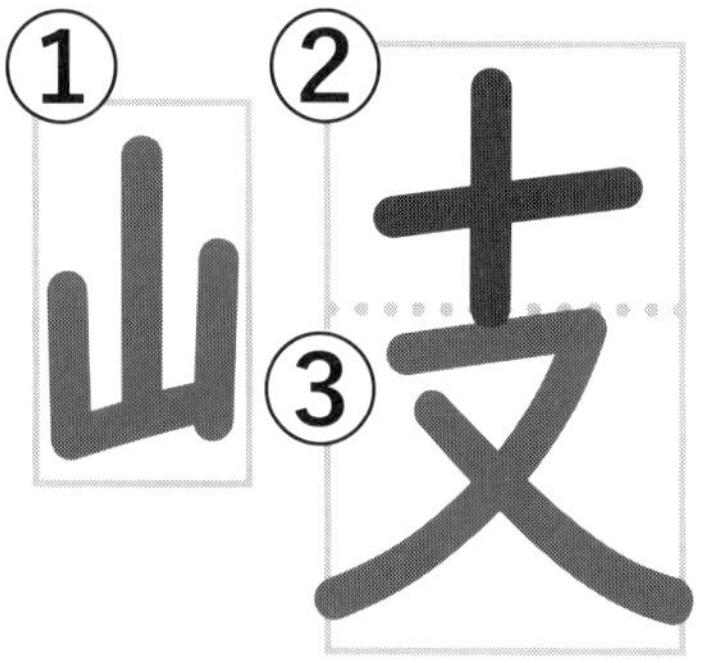

分《わ》かれ道《みち》

◆ ――

［キ］、［ギ］

●道《みち》が分岐（ぶんき）する。
岐阜県（ぎふけん）

希

◆ ―

● キ

希少（きしょう）な動物《どうぶつ》

希望（きぼう）がふくらむ。

めずらしい／のぞむ

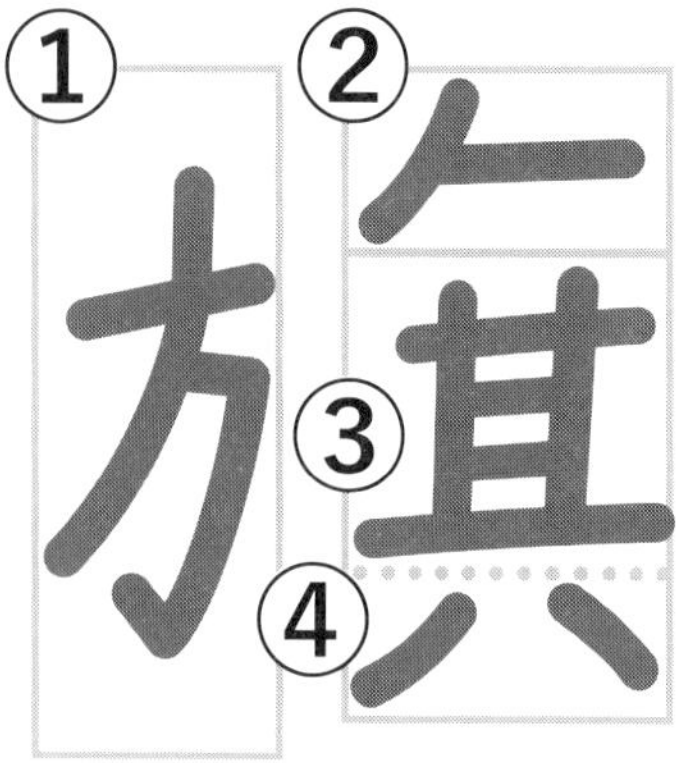

旗

◆はた

キ

●旗（はた）を立《た》てる。

国旗（こっき）

季

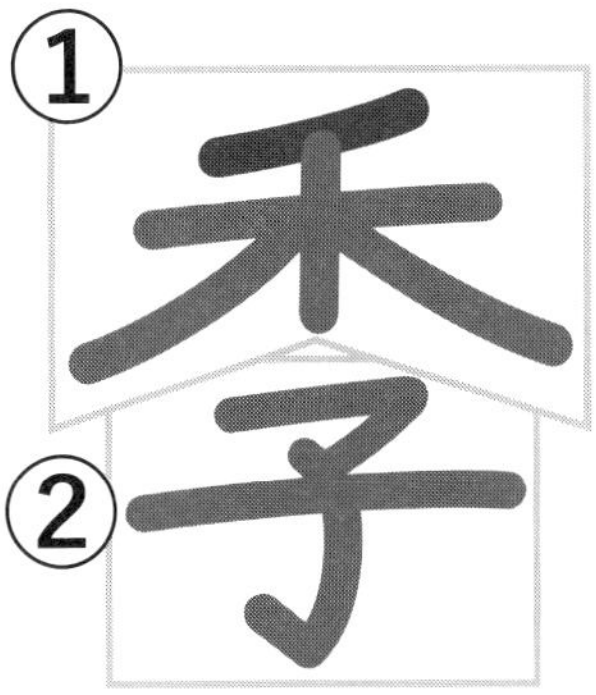

◆ —

● キ

季節（きせつ）

日本《にほん》には四季（しき）がある。

時期《じき》／ある期間《きかん》

器

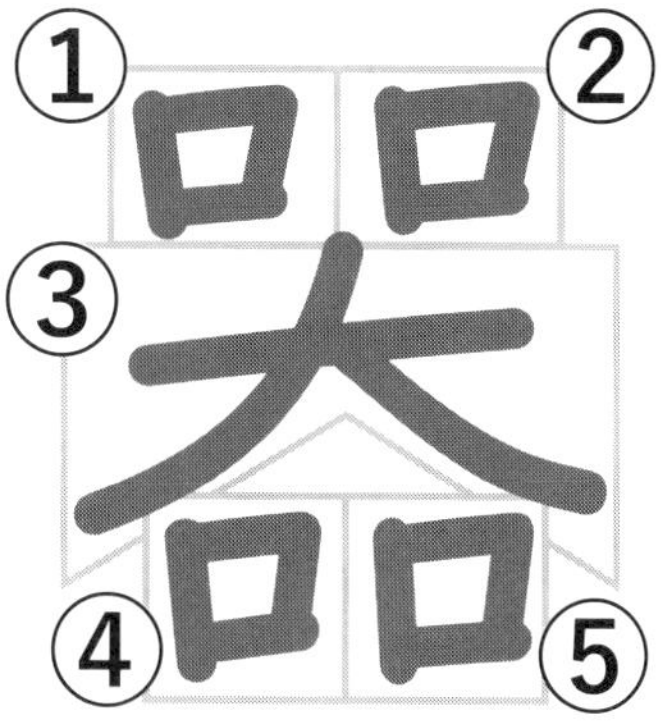

◆うつわ

キ

●ガラスの器（うつわ）

実験《じっけん》の器具（きぐ）を用意《ようい》する。

テーブルに食器（しょっき）を
ならべる。

機

① ② 機

◆はた

キ

●機（はた）を織《お》る。

機械（きかい）を動《うご》かす。

スマートフォンにはさまざまな機能（きのう）がある。

しかけ／はたらき

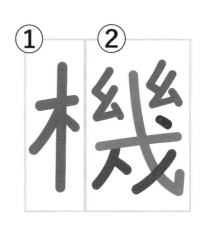

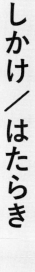

議

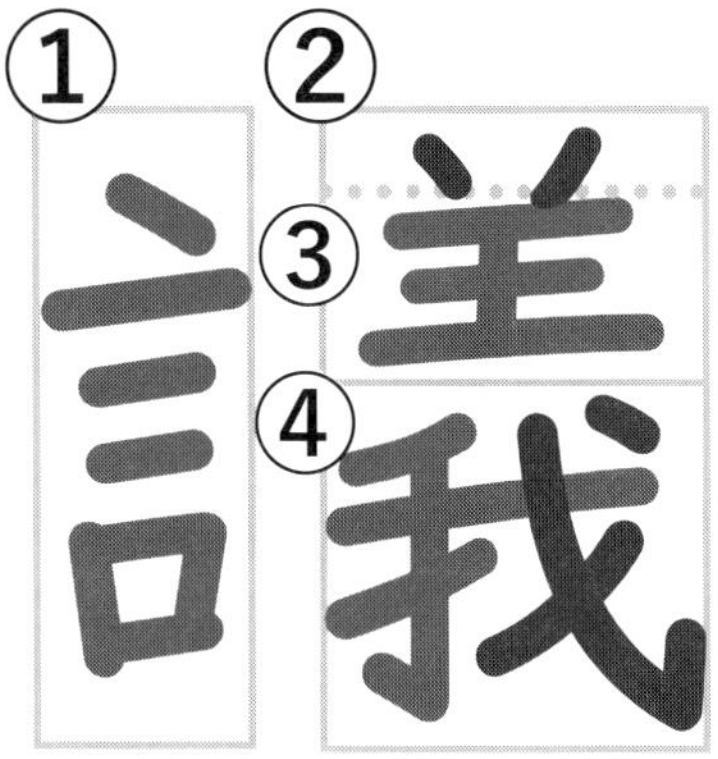

ことばで話《はな》し合《あ》う

◆ ――

● ギ

議長（ぎ ちょう）

会議（かい ぎ）に出席《しゅっせき》する。

不思議（ふ し ぎ）な物語《ものがたり》

求

◆もと－める
キュウ

●計算《けいさん》の答《こた》えを求（もと）める。
要求（ようきゅう）

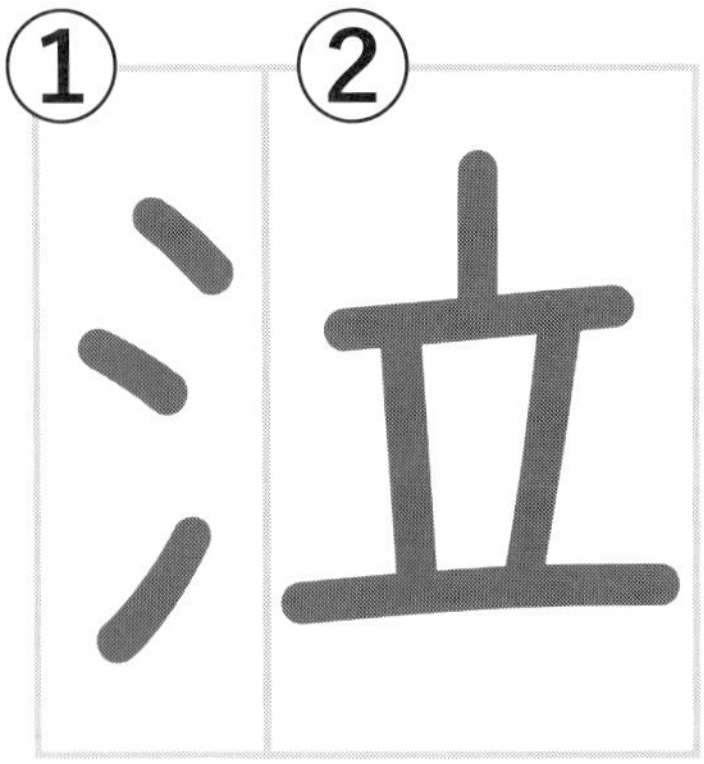

泣

◆な-く
キュウ
●赤《あか》ちゃんが泣（な）く。
号泣（ごうきゅう）する。

給

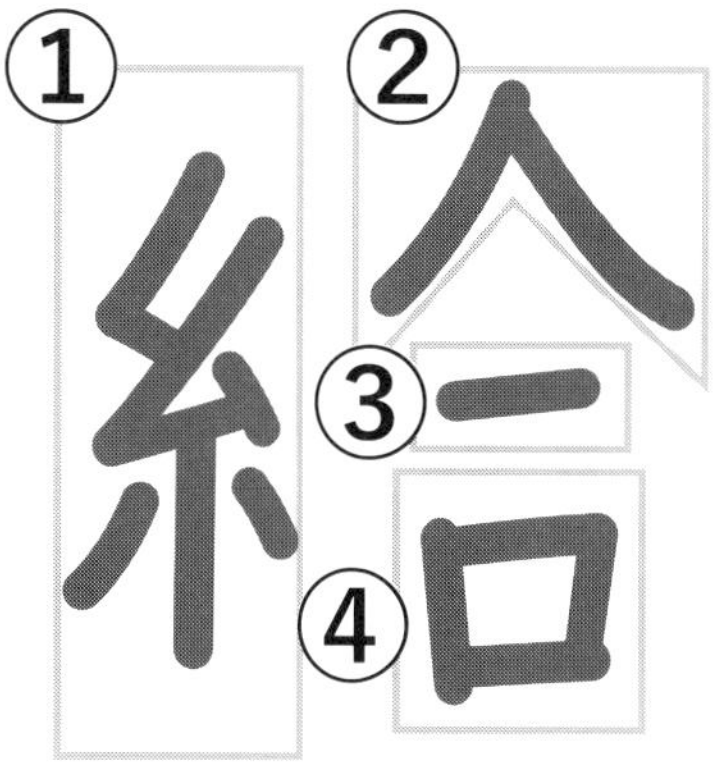

◆ ─ キュウ

●
給食（きゅうしょく）
給料（きゅうりょう）
給付金（きゅうふきん）を受《う》け取《と》る。

つぎたす／あたえる

挙

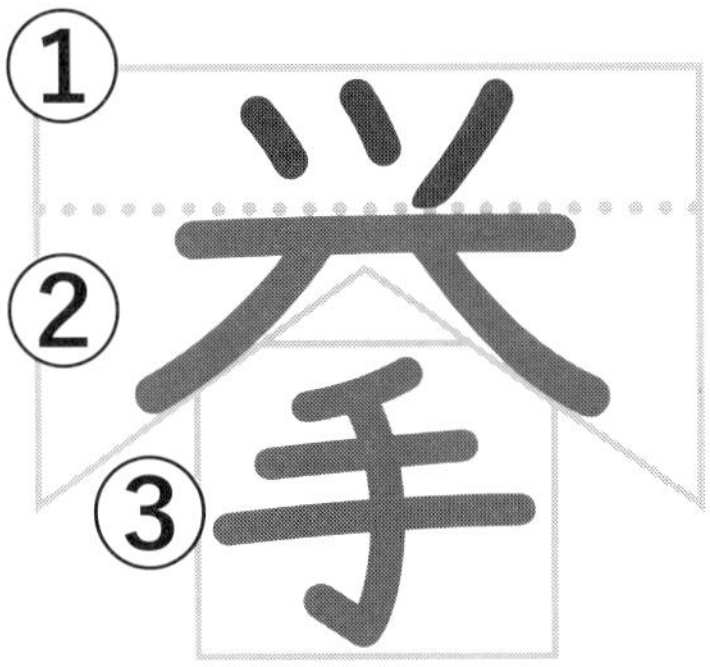

◆あ−げる、あ−がる

キョ

●手《て》を挙（あ）げる。

反対《はんたい》する声《こえ》が挙（あ）がる。

選挙（せんきょ）

漁

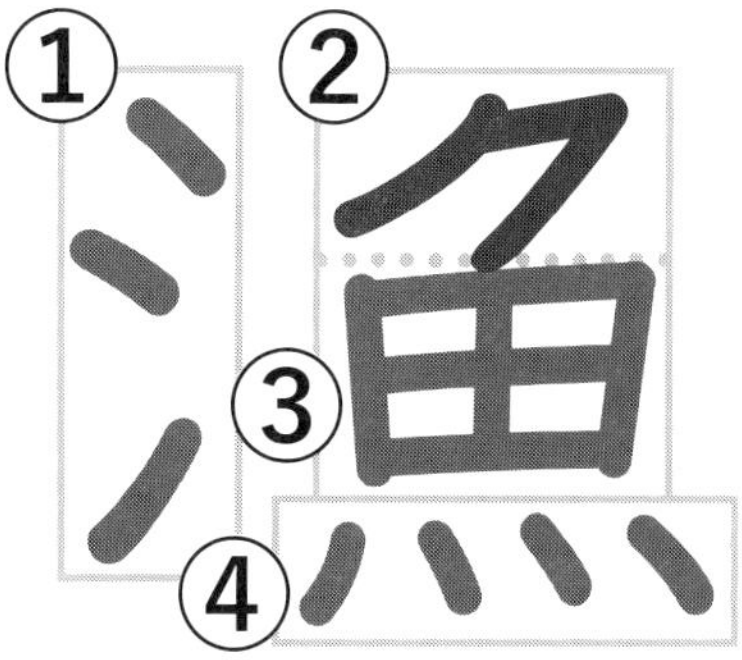

◆ ―
ギョ、リョウ

● 漁業（ぎょ　ぎょう）
今日《きょう》はイワシが大漁（たい　りょう）だ。

魚《さかな》をとる

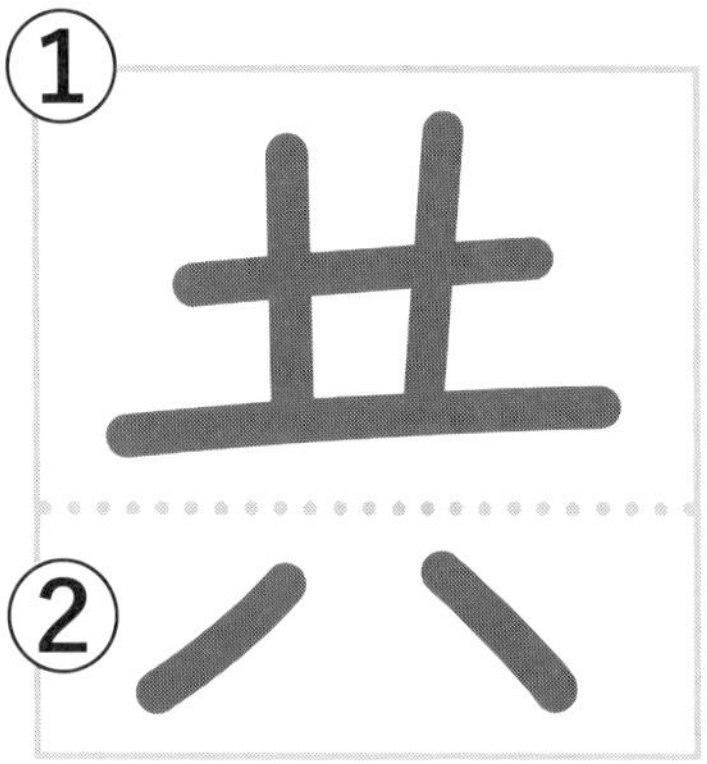

共

◆とも
●キョウ

共（とも）にがんばった仲間《なかま》だ。
共通（きょうつう）の友《とも》だち

協

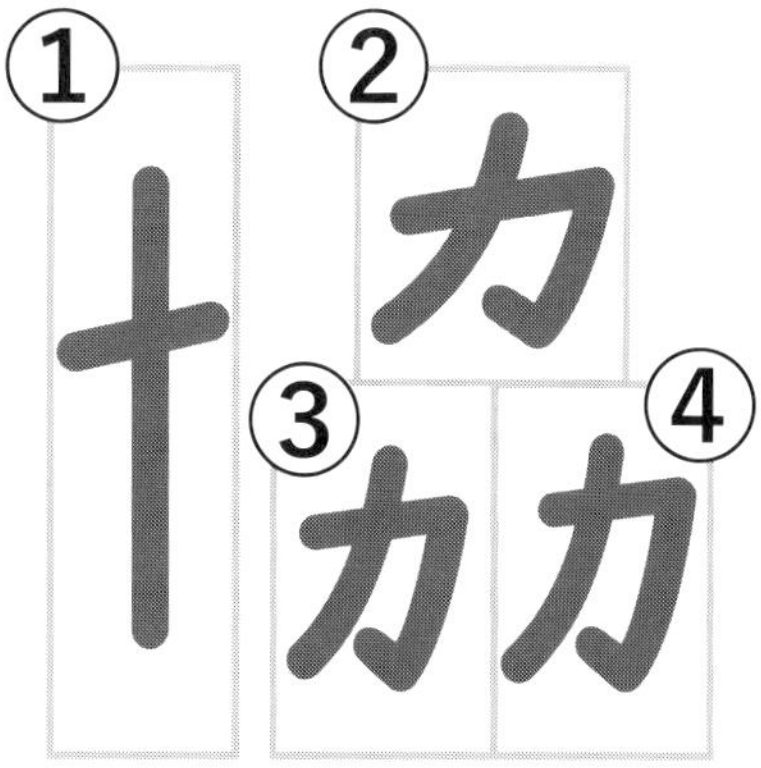

◆ ―

キョウ

●みんなで協力（きょう りょく）する。

協同（きょう どう）組合《くみあい》

協定（きょう てい）を結《むす》ぶ。

力《ちから》を合《あ》わせる

鏡

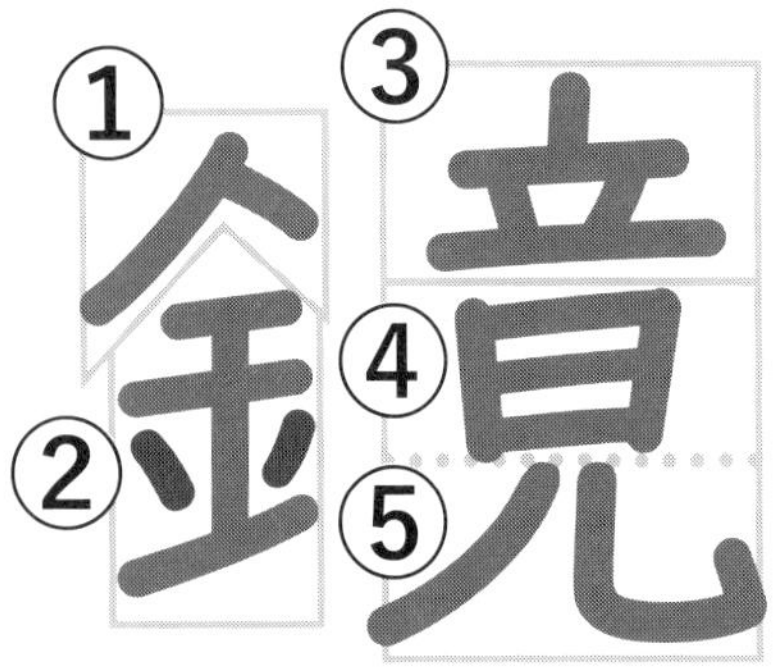

◆かがみ
キョウ

●自分《じぶん》の顔《かお》を鏡（かがみ）に映《うつ》す。
望遠鏡（ぼうえんきょう）

競

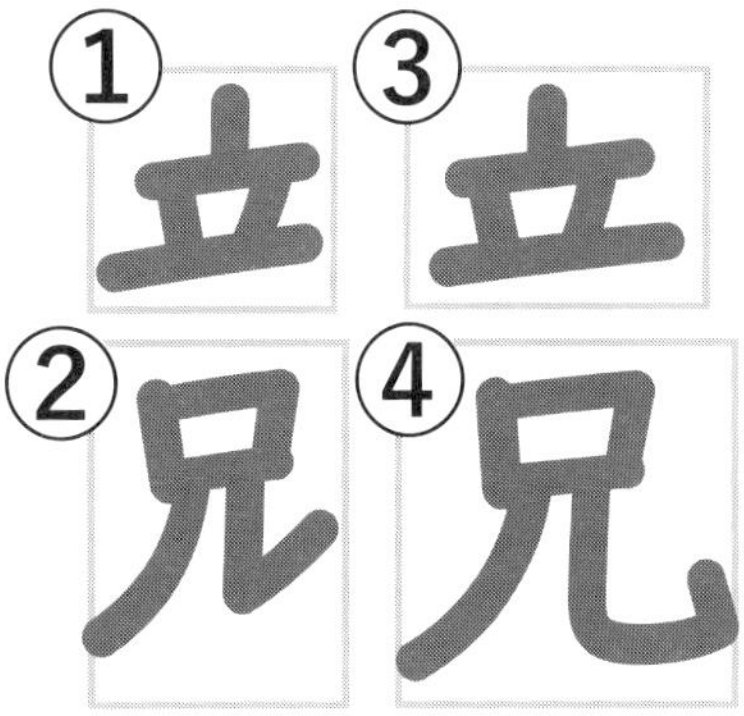

◆きそ－う、せ－る

キョウ、ケイ

●技《わざ》を競（きそ）う。

二人《ふたり》が激《はげ》しく競（せ）る。

競争（きょう　そう）

競馬（けい　ば）

極

◆きわ－める、きわ－まる
きわ－み
キョク、ゴク

●技術《ぎじゅつ》を極（きわ）める。
温《あたた》かい言葉《ことば》に感《かん》極（きわ）まる。
ぜいたくの極（きわ）み
南極（なん　きょく）
極上（ごく　じょう）の牛肉《ぎゅうにく》

熊

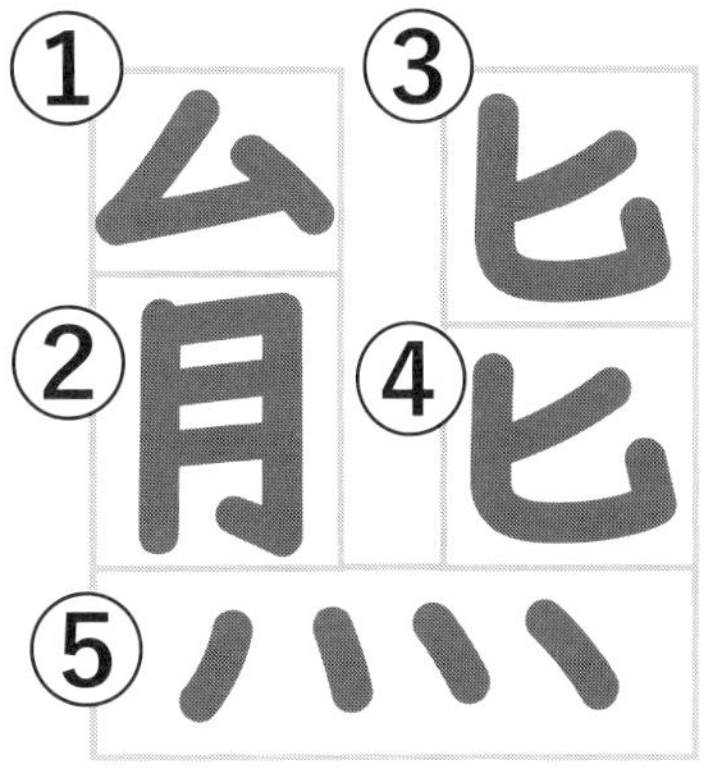

◆くま

—

●住宅街《じゅうたくがい》に熊（くま）が出《で》る。

熊本県（くまもとけん）

訓

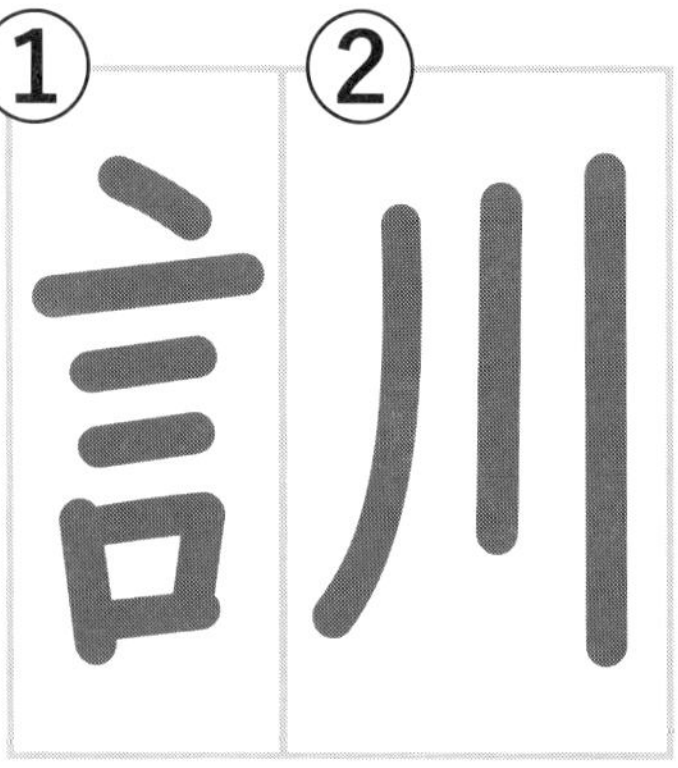

教《おし》える／さとす

◆ ―

クン

● ひなん訓練（くん れん）

失《しっ》敗《ぱい》を教訓（きょう くん）とする。

軍

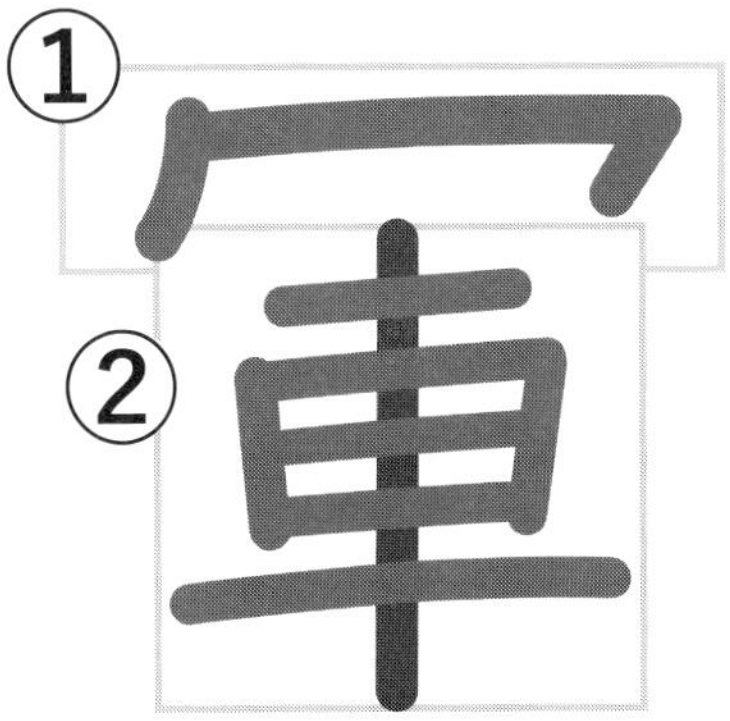

◆ ー
グン

●軍隊（ぐんたい）
軍手（ぐんて）をはめる。

兵士《へいし》のあつまり

郡

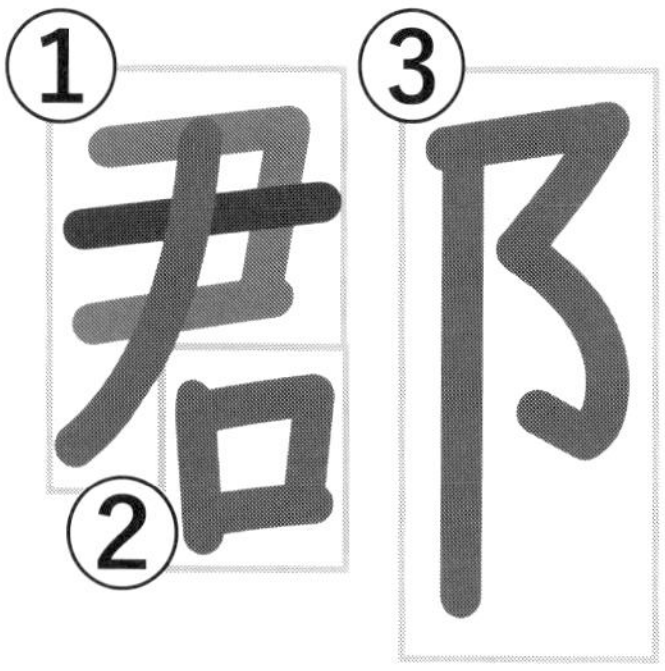

村《むら》がたくさん集《あつ》まったところ

◆ ―

グン

● 郡部（ぐんぶ）

その郡（ぐん）は、二つの町と三つの村《むら》でできている。

群

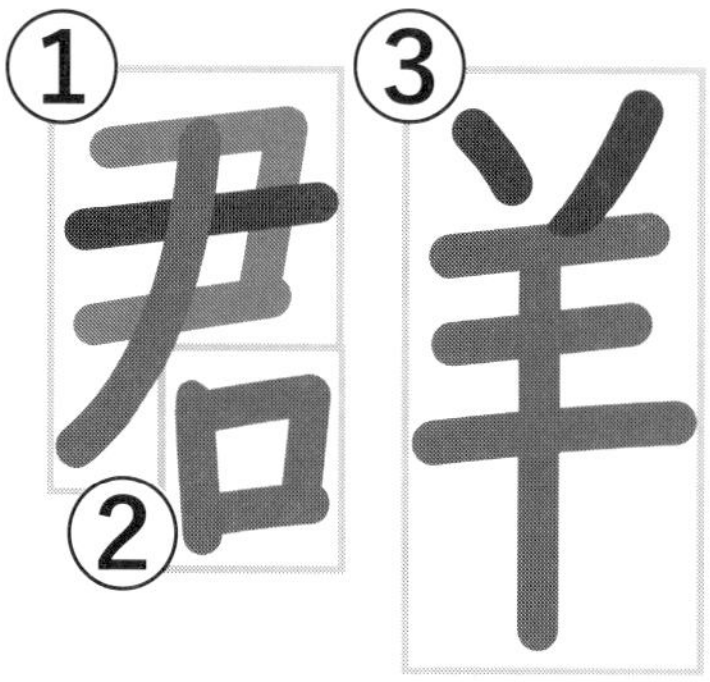

◆**む**－れる、**む**－れ、**むら**

グン

●羊《ひつじ》の群（む）れ

人《ひと》が群（むら）がる。

群衆（ぐん　しゅう）

径

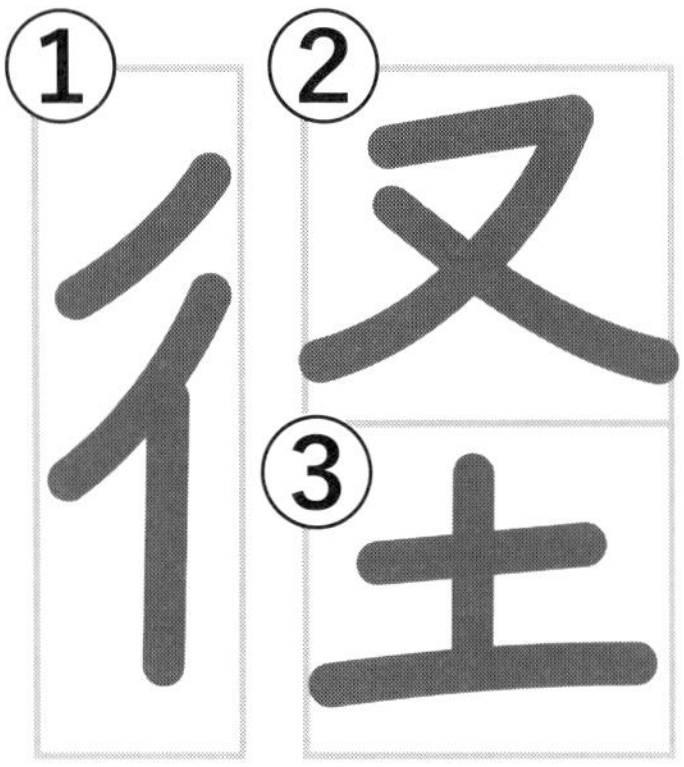

近道《ちかみち》／まっすぐな道《みち》

◆ —

ケイ

● 半径（はん けい）

直径（ちょっ けい）3センチの円《えん》

景

◆ ―

● ケイ

子《こ》どものころに見《み》た光景（こう けい）を思《おも》い出《だ》した。

くじ引《び》きで景品（けい ひん）をもらう。

景色（け しき）*がいい。

ようす／ありさま

芸

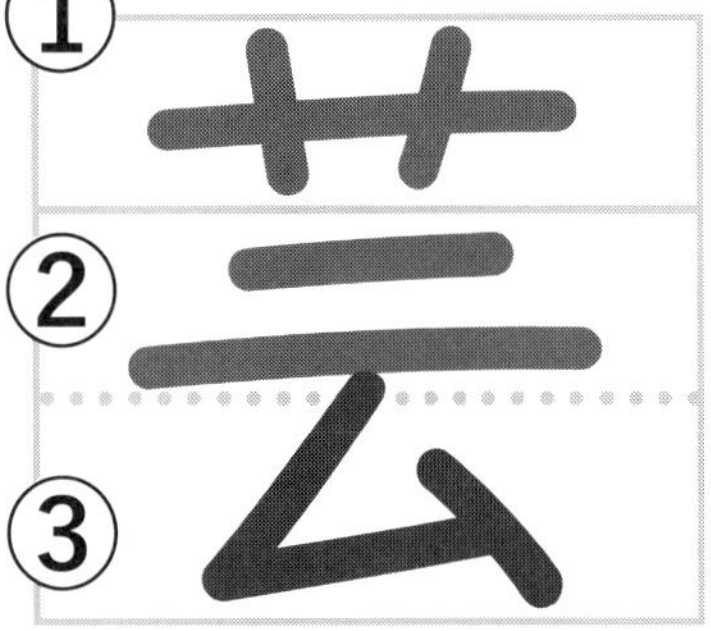

身《み》につけた技《わざ》／植《う》える

◆ー

ゲイ

●芸術（げいじゅつ）

園芸（えんげい）クラブの活動《かつどう》

欠

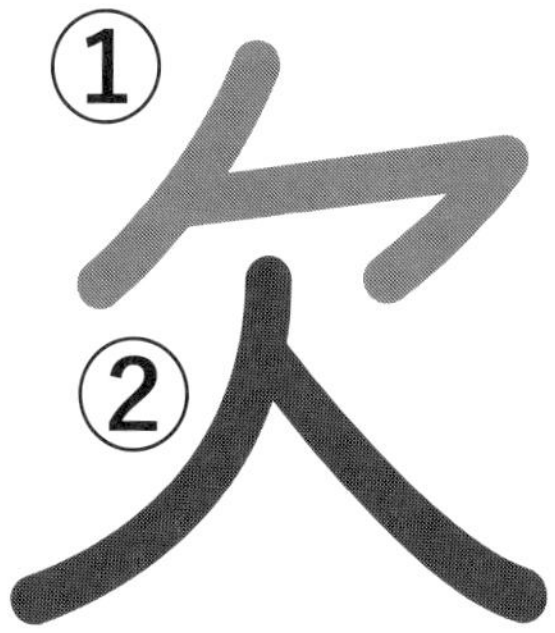

◆か－ける、か－く

ケツ

●ガラスの器《うつわ》が欠（か）ける。

正確《せいかく》さに欠（か）ける。

決《き》め手《て》を欠（か）く。

欠員（けついん）

欠席（けっせき）＊

結

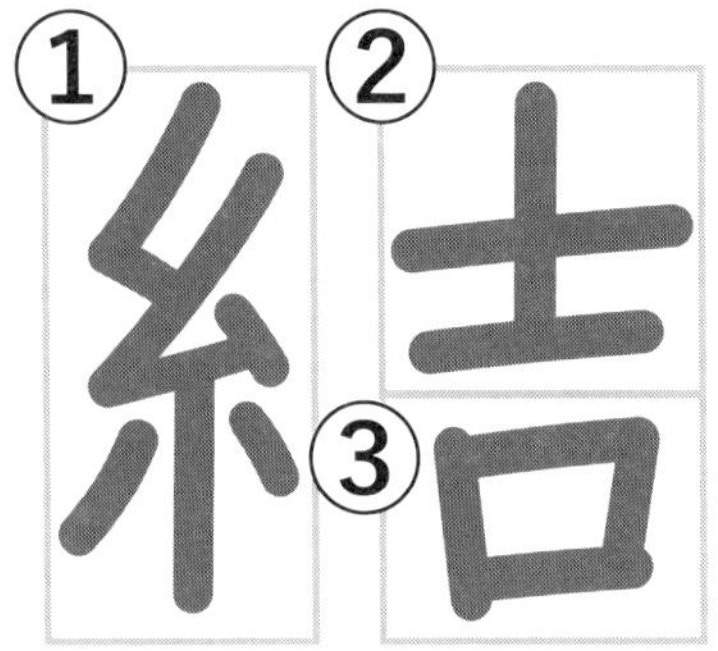

◆むすーぶ
ゆーう、ゆーわえる
ケツ

●くつひもを結(むす)ぶ。
条約《じょうやく》を結(むす)ぶ。
かみの毛《け》を結(ゆ)う。
ひもで結(ゆ)わえる。
結論(けつろん)

建

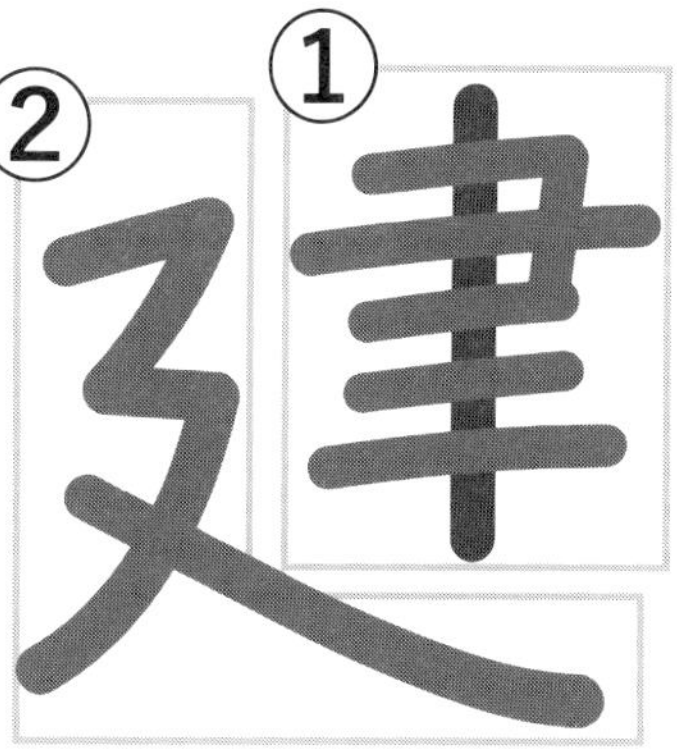

◆た－てる、た－つ
ケン、コン

●家《いえ》を建（た）てる。
ビルが建（た）つ。
建設（けんせつ）
寺《じ》院《いん》の建立（こんりゅう）

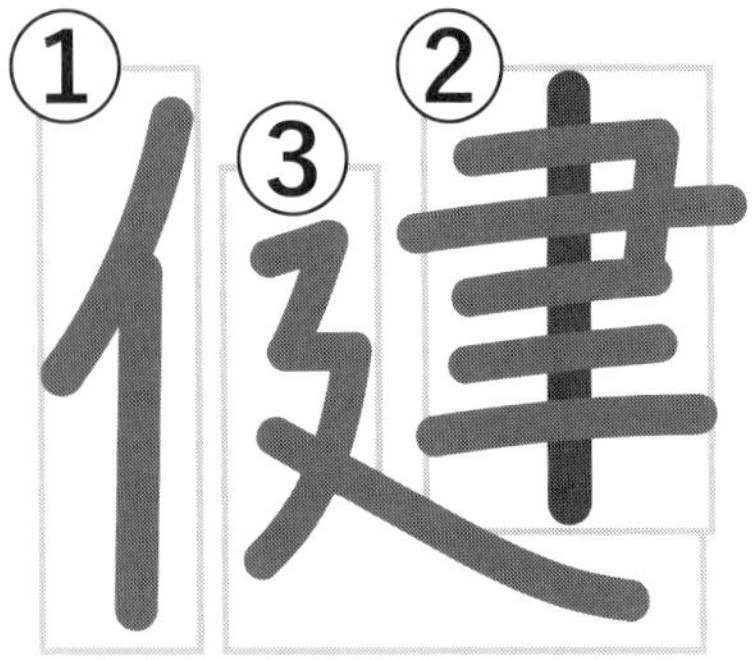

健

◆すこ－やか
ケン

●健（すこ）やかに暮《く》らす。
保健室（ほけんしつ）
健康（けんこう）のためにウォーキングをする。

験

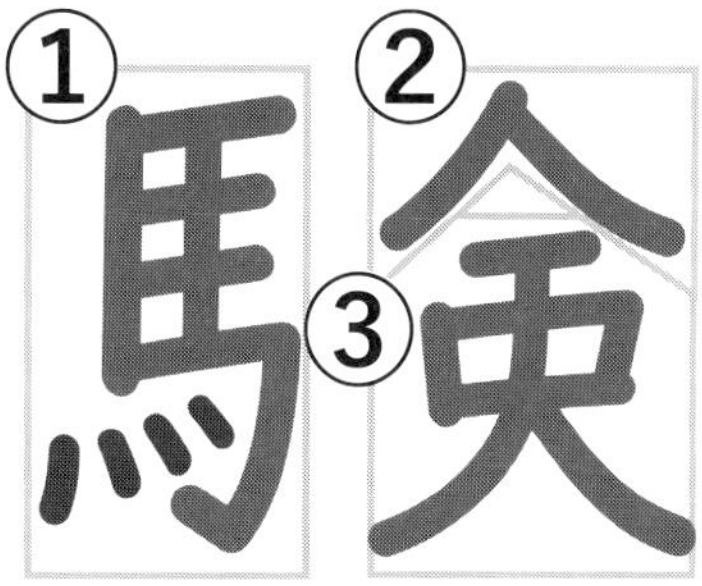

◆ ―

ケン、ゲン

● 体験（たいけん）

実験（じっけん）を行《おこな》う。

高校《こうこう》を受験（じゅけん）する。

修験者（しゅげんじゃ）

＝山《やま》の中《なか》で修行《しゅぎょう》をする人《ひと》。

調《しら》べる／試《ため》す／あかし

固

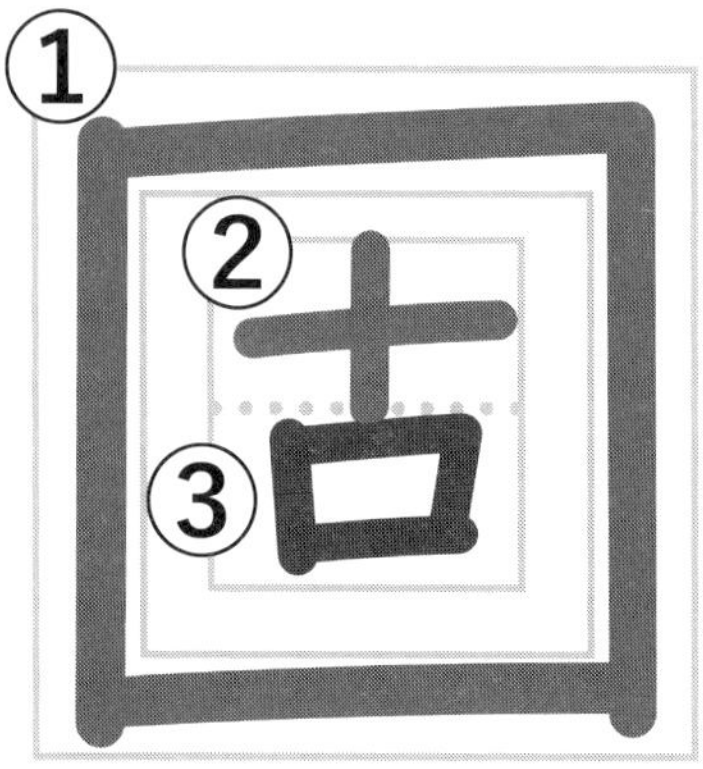

◆かた－める、かた－まる
かた－い
コ

●家《いえ》の前《まえ》の土《つち》を固（かた）める。
ゼリーが固（かた）まる。
意志《いし》が固（かた）い。
固体（こ　たい）

功

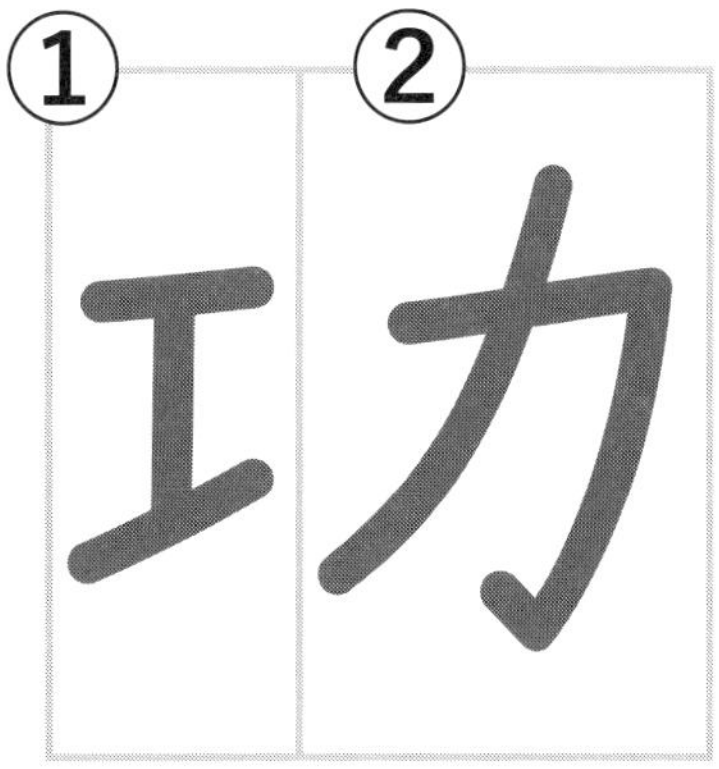

◆ ―
コウ、ク

●ロケットの打《う》ち上《あ》げに成功（せいこう）する。
功徳（くどく）を積《つ》む。
＝他《ほか》の人《ひと》のためによい行《おこな》いをつづけること。

てがら／ききめ

好

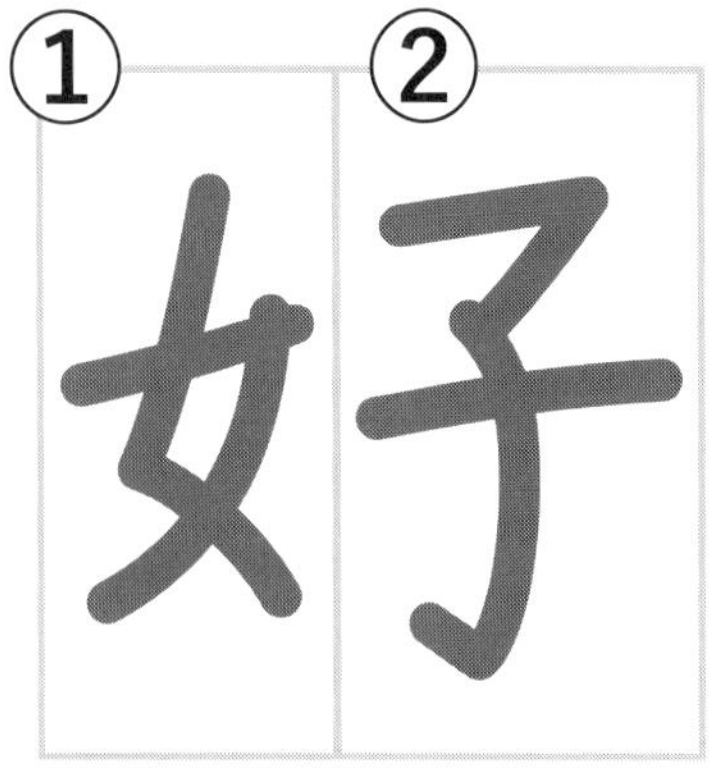

◆すーく

このーむ

コウ

●好（す）きな歌《うた》＊

静《しず》けさを好（この）む。

ぼくが作《つく》った料理《りょうり》は、みんなに好評（こうひょう）だった。

香

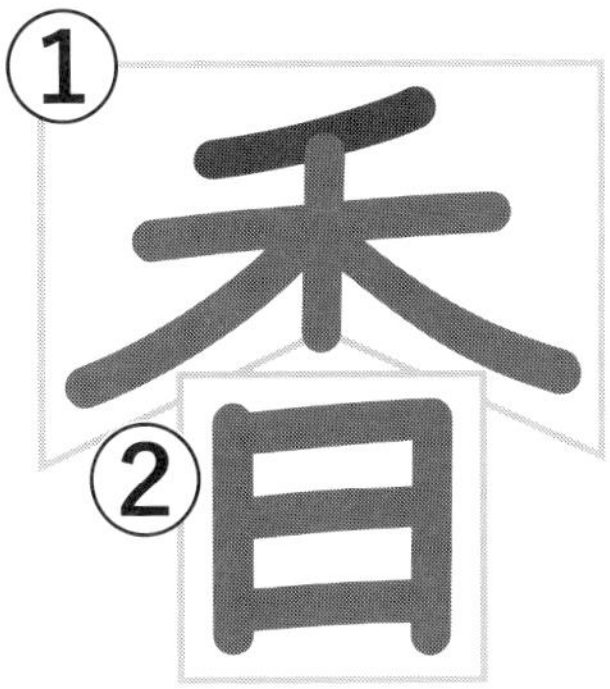

◆かおーり、かおーる、か
［コウ］、［キョウ］

●レモンの香（かお）り
バラの花《はな》が香（かお）る。
香川県（か がわ けん）
香料（こう りょう）

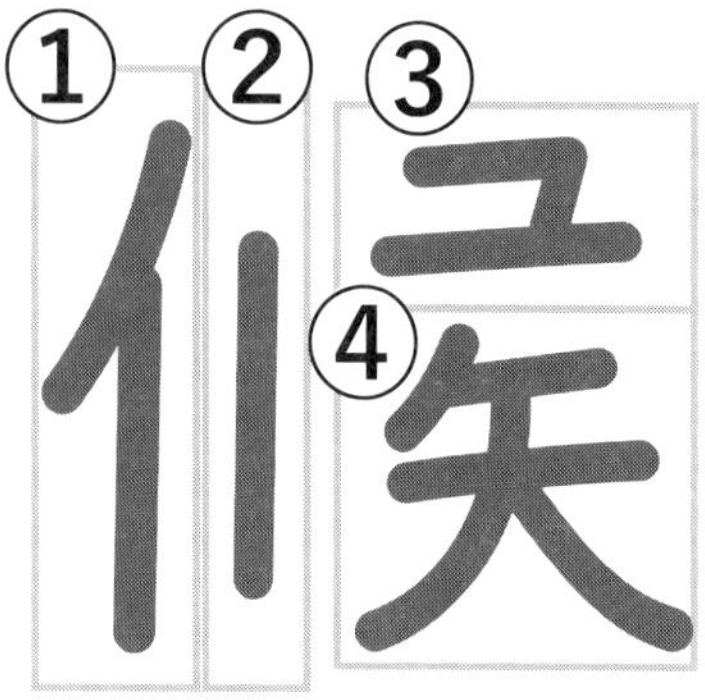

候

さぐる／待《ま》つ／きざし

◆そうろう

コウ

●過《す》ごしやすい気候（きこう）

宇宙飛行士《うちゅうひこうし》の候補（こうほ）に選《えら》ばれる。

康

◆ ―

コウ

● 健康（けんこう）な生活《せいかつ》

入院《にゅういん》した祖母《そぼ》は小康（しょうこう）状態《じょうたい》を保《たも》っている。

安《やす》らか／すこやか

佐

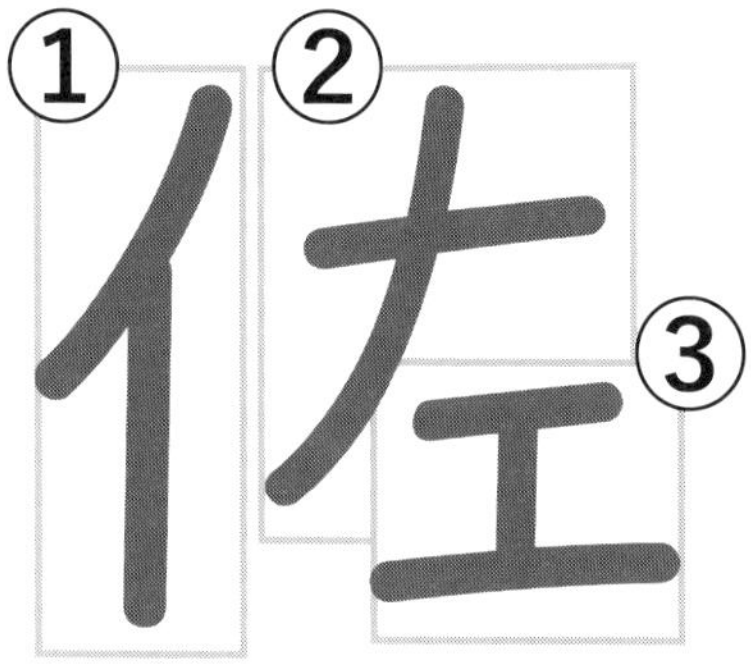

助《たす》ける

◆ー

●サ

補佐（ほさ）

佐賀県（さがけん）

土佐（とさ）

差

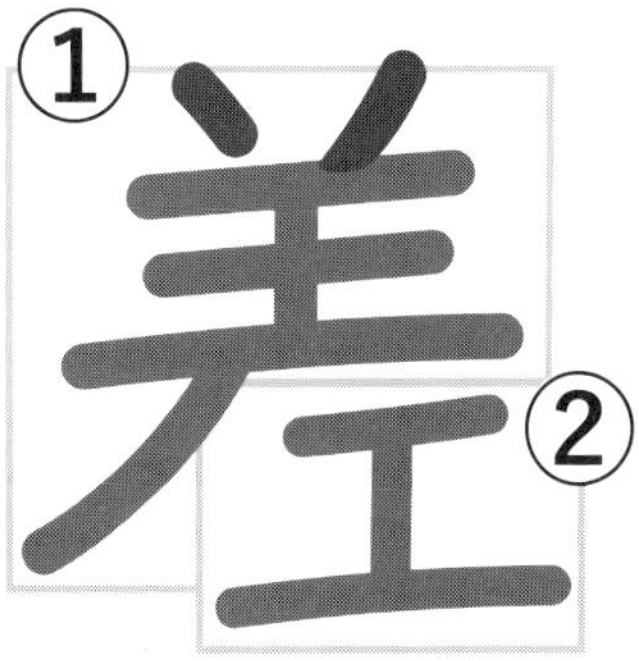

◆さ－す

サ

●光《ひかり》が差（さ）す。

ロンドンと東京《とうきょう》には8時間《じかん》の時差（じさ）がある。

物《もの》差（さ）し

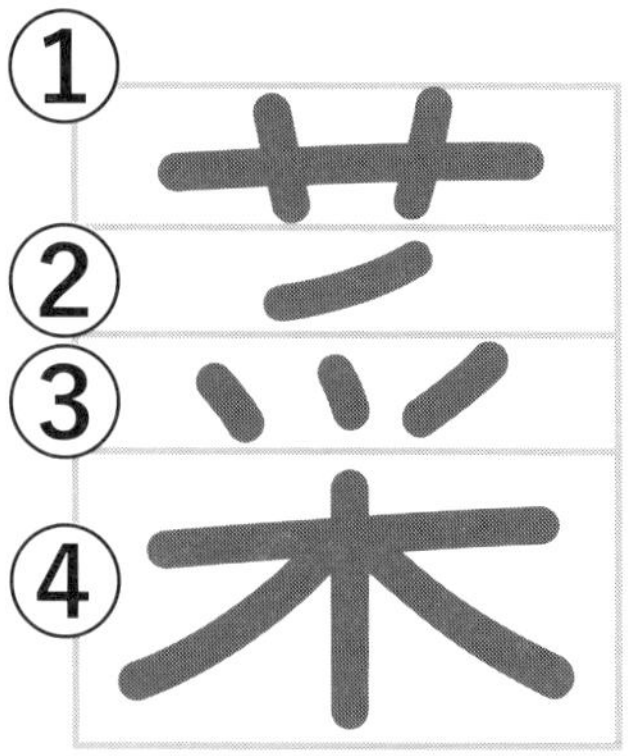

菜

◆な
サイ
●菜（な）の花《はな》がゆれる。
野菜（やさい）

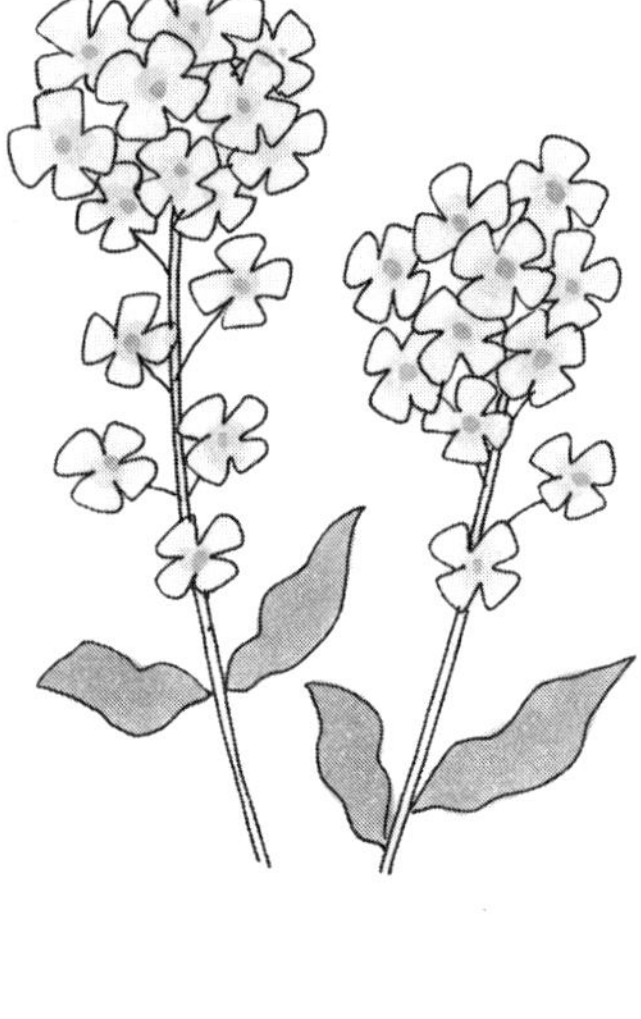

最

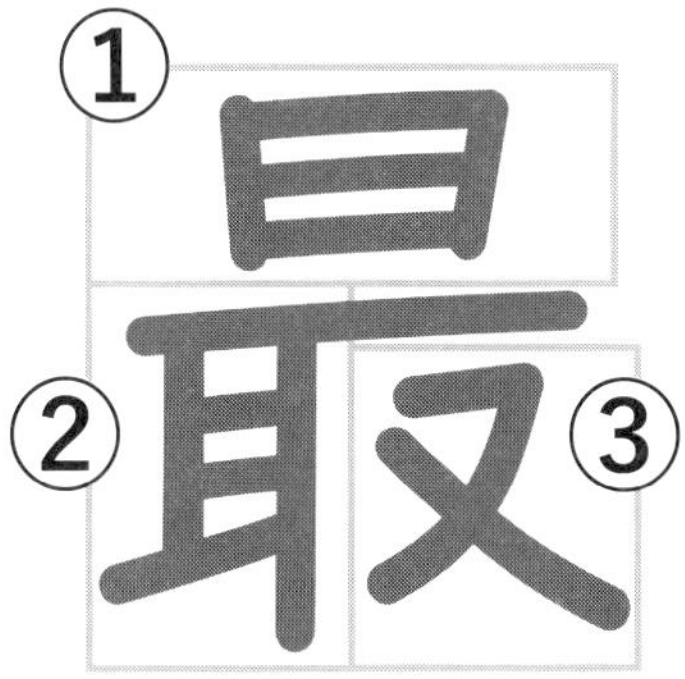

◆もっと−も
サイ

●最（もっと）も大《おお》きい。
最初（さいしょ）に空《そら》を飛《と》んだ人《ひと》

埼

つきでたところ

◆さい

—

●埼玉県（さい たま けん）

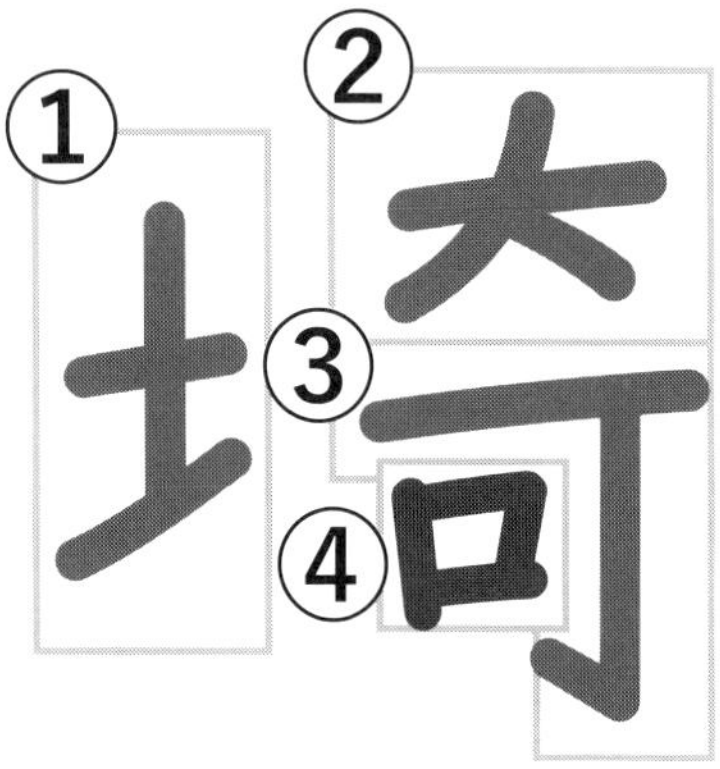

材

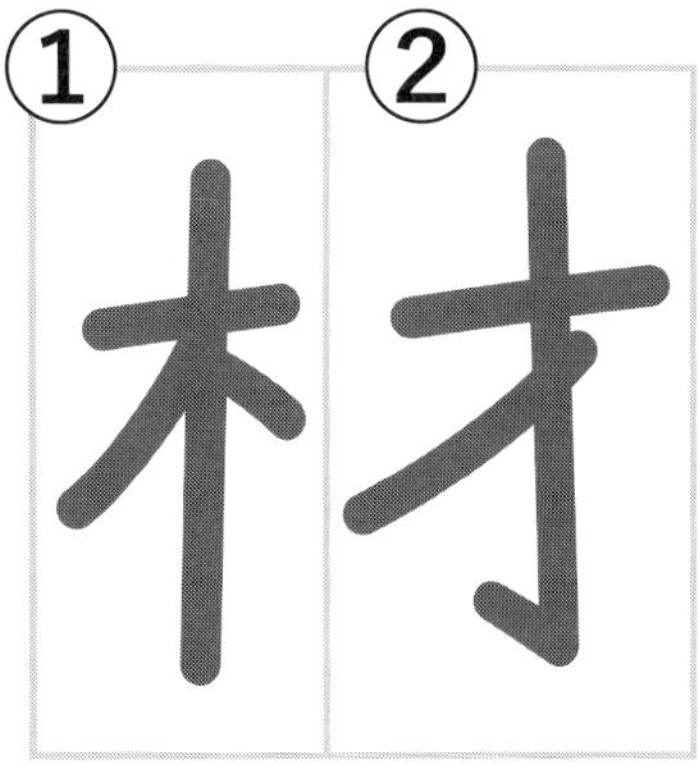

◆ —
ザイ

● 家具《かぐ》の材料（ざいりょう）を集《あつ》める。
教材（きょうざい）を用意《ようい》する。

ものを作《つく》るための木《き》

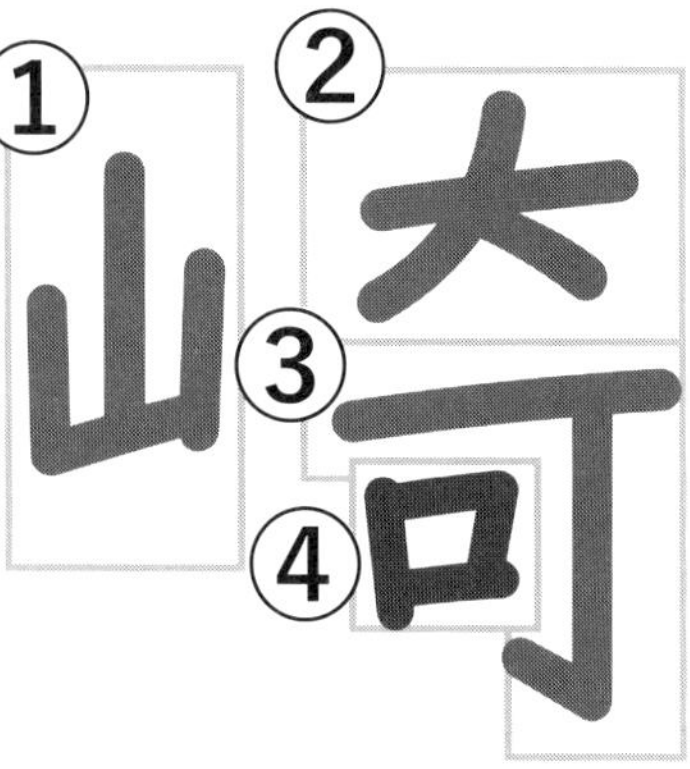

崎

みさき

◆さき、［ざき］

—

●長崎県（ながさきけん）
宮崎県（みやざきけん）

昨

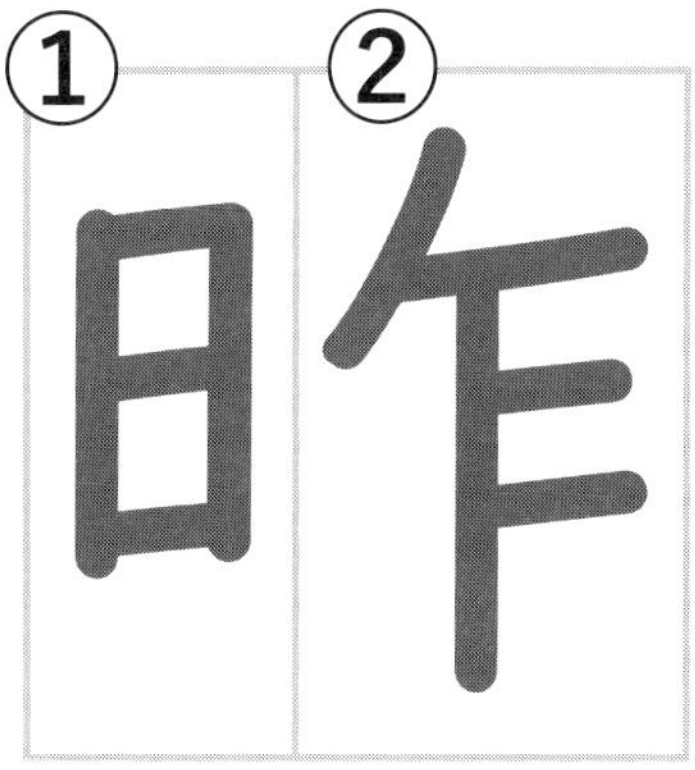

◆
―

サク

●昨年（さくねん）

昨日（さくじつ）（きのう）

昨夜（さくや）は大雨《おおあめ》だった。

ひとつ前《まえ》の

札

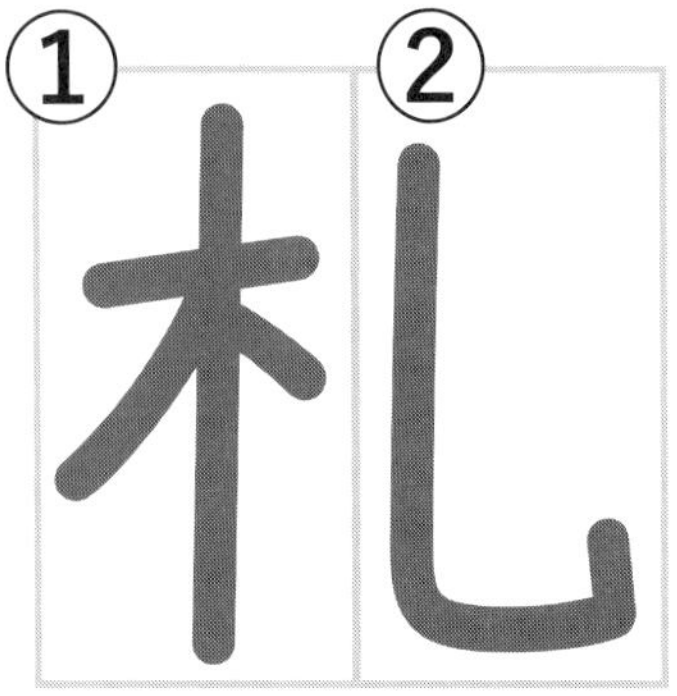

◆ふだ

サツ

●名札（な ふだ）をつける。

改札口（かい さつ ぐち）

お札（さつ）

刷

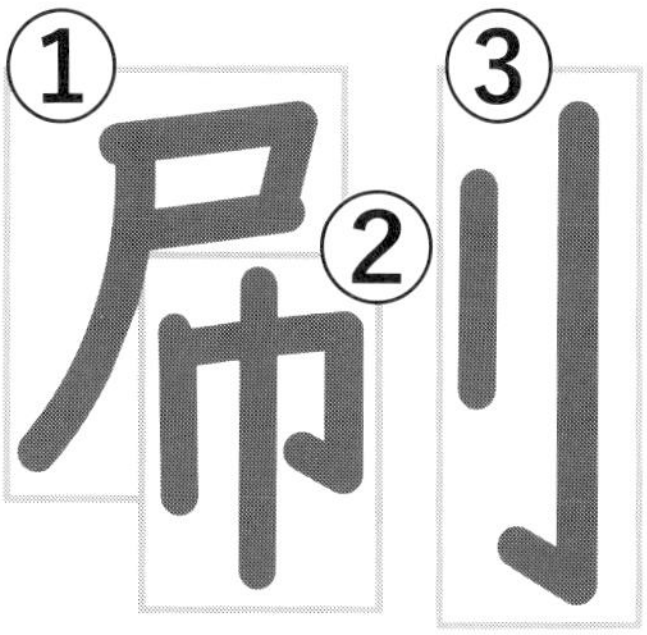

◆すーる
サツ

●チラシを刷（す）る。
印刷（いんさつ）

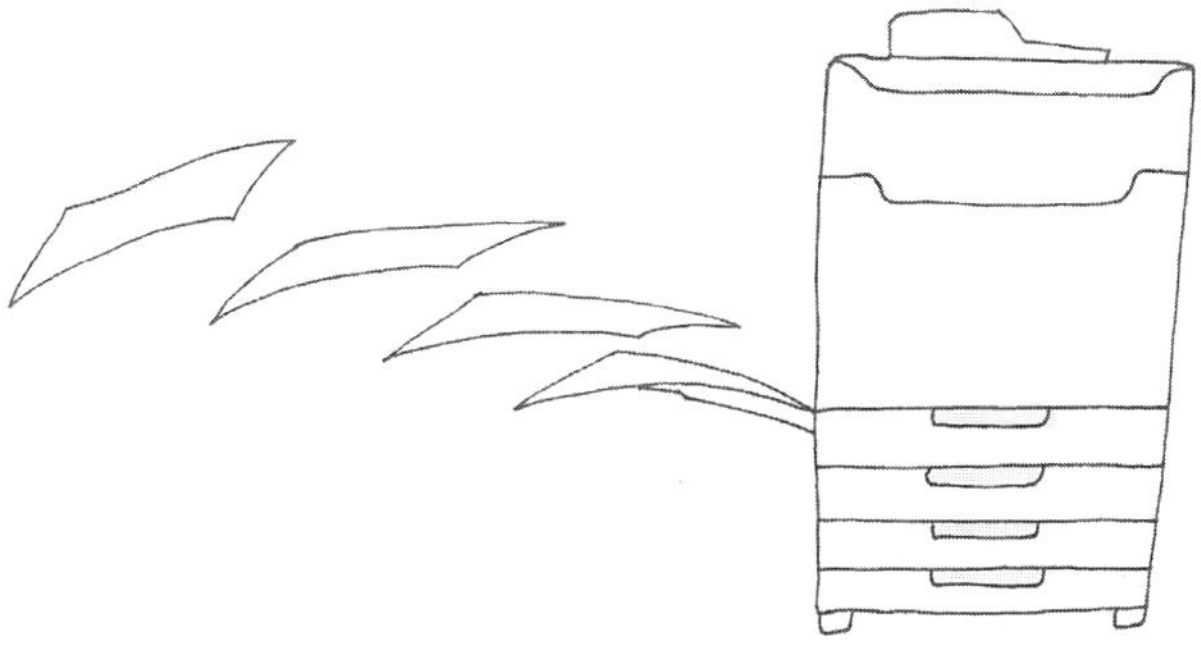

察

明《あき》らかにする／よくみる

◆ ―

サツ

●アリを観察（かんさつ）する。

警察（けいさつ）

気配《けはい》を察（さっ）＊する。

参

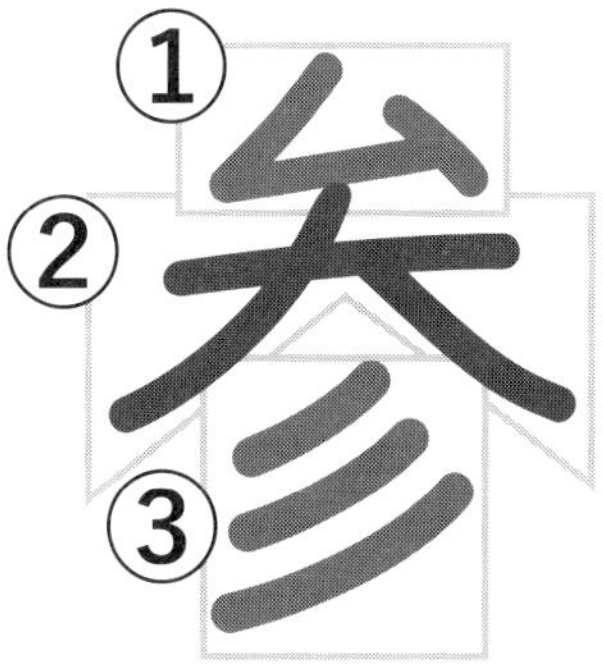

◆まい－る

サン

●墓《はか》参（まい）りをする。

ゲームに参加（さんか）する。

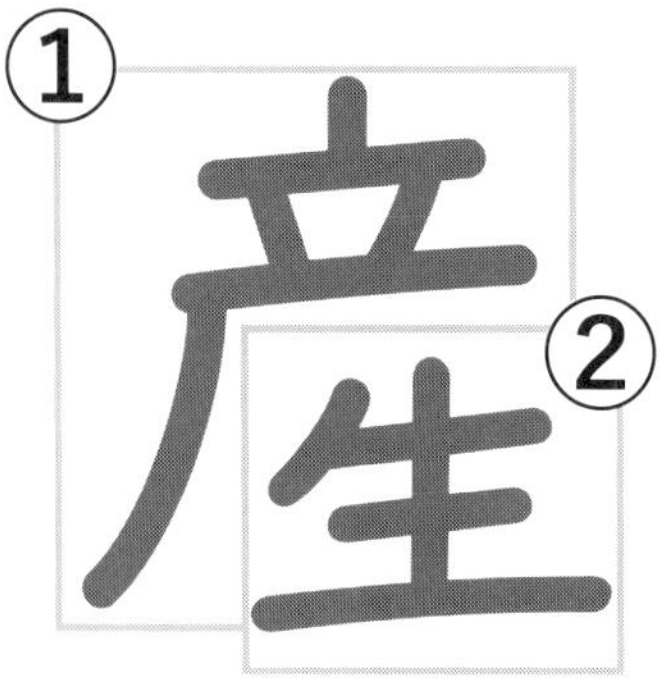

産

◆う－む、う－まれる

うぶ

サン

●鳥《とり》が卵《たまご》を産（う）む。

赤《あか》ちゃんが産（う）まれる。

産湯（うぶ ゆ）

＝赤《あか》ちゃんが産《う》まれて初《はじ》めて入《はい》るおふろ。

産地（さん ち）

散

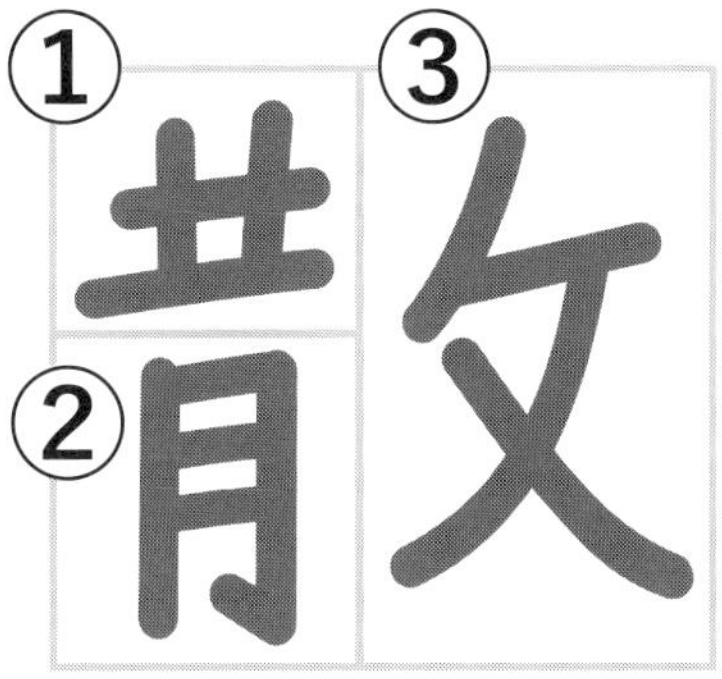

◆ち－る、ち－らす
ち－らかす、ち－らかる
サン

●花《はな》びらが散（ち）る。
そばにのりを散（ち）らす。
部《へ》屋《や》を散（ち）らかす。
ごみが散（ち）らかる。
部《へ》屋《や》におもちゃが散乱（さんらん）
していた。
庭《にわ》を散歩（さんぽ）する。

残

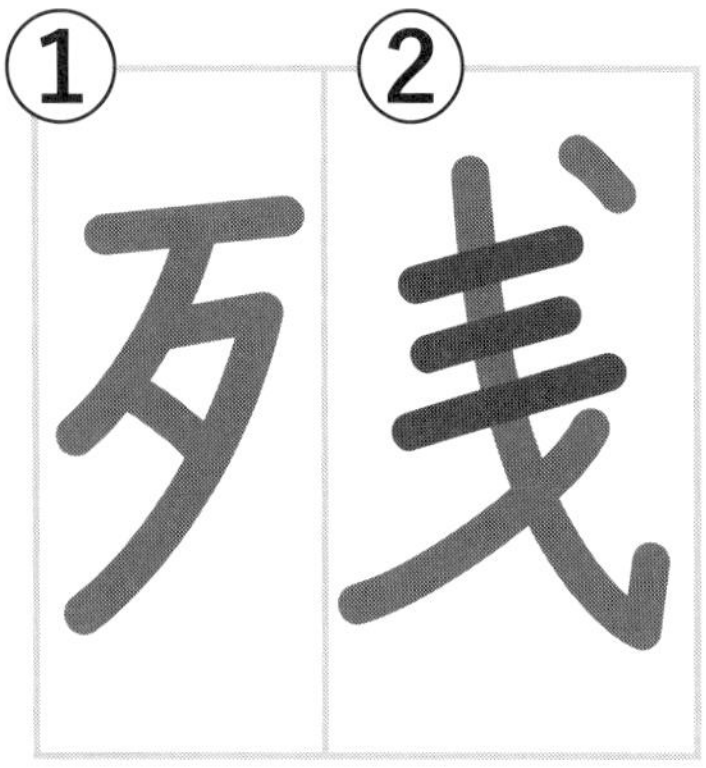

◆のこ－る、のこ－す

ザン

●かべに傷《きず》が残（のこ）る。

心《こころ》に残（のこ）る。

難《むずか》しい問題《もんだい》を最後《さいご》に残（のこ）す。

残念（ざん　ねん）な結果《けっか》

氏

◆うじ

シ

●氏神（うじ　がみ）

＝自分《じぶん》が住《す》む地域《ちいき》を守《まも》っている神様《かみさま》のこと。

氏名（し　めい）を書《か》く。

司

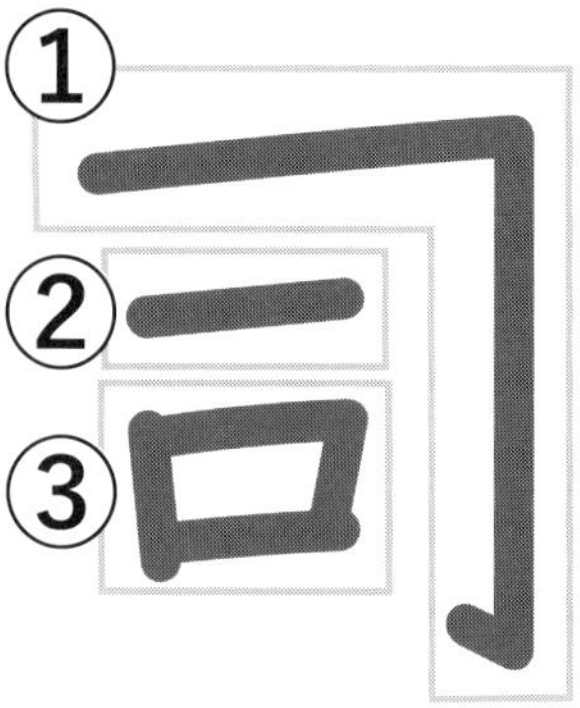

とりしきる

◆ ――

シ

●司会（しかい）

会社《かいしゃ》の上司（じょうし）

試

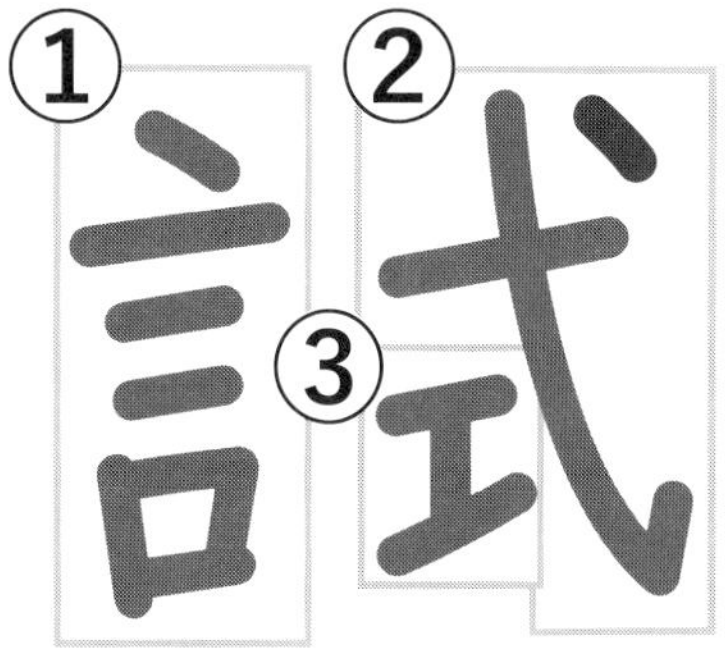

◆**こころ**－みる

ため－す

シ

●ロングシュートを試（こころ）みる。

よいと思《おも》う方法《ほうほう》を試（ため）す。

試験（しけん）

児

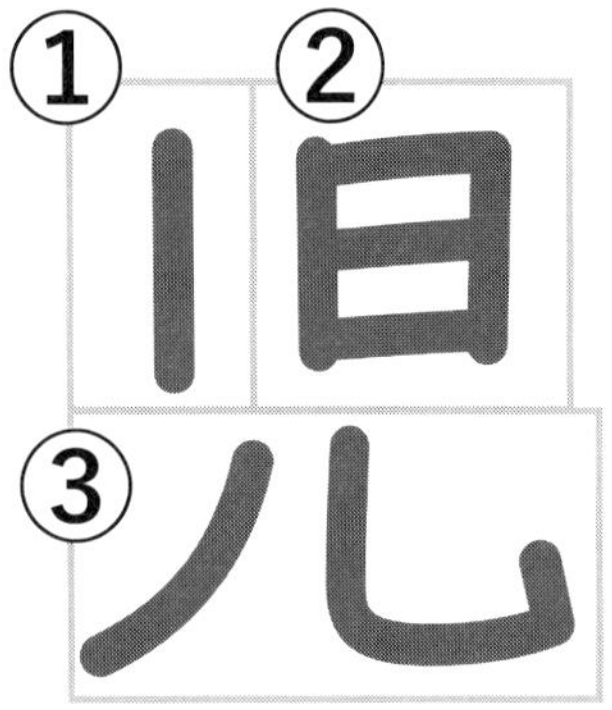

小《ちい》さい子《こ》

◆ ─

ジ、ニ

●児童（じどう）公園《こうえん》で遊《あそ》ぶ。

小児科（しょうにか）

治

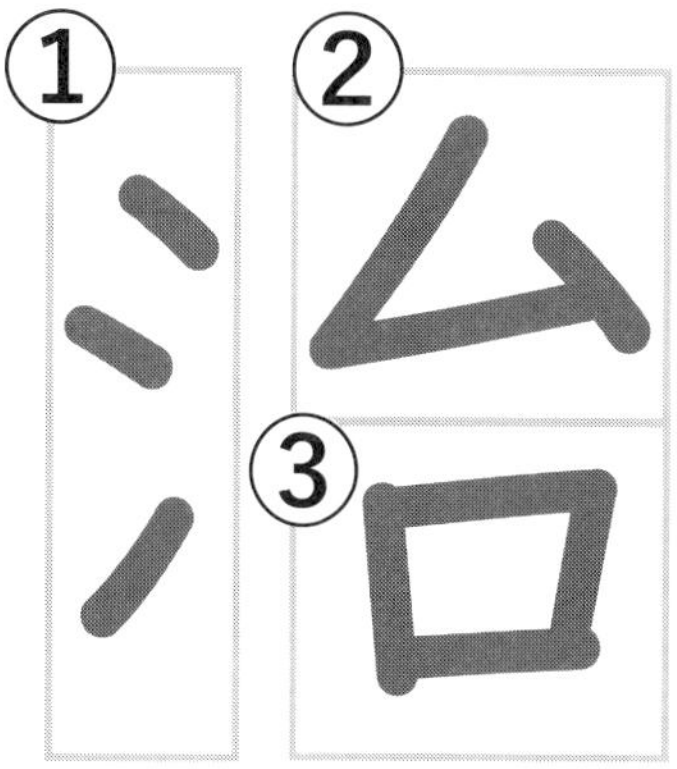

◆おさ－める、おさ－まる
なお－る、なお－す
ジ、チ

●もめごとを治（おさ）める。
国《くに》が治（おさ）まる。
けがが治（なお）る。
虫歯《むしば》を治（なお）す。
政治（せいじ）
治安（ちあん）がいい。

滋

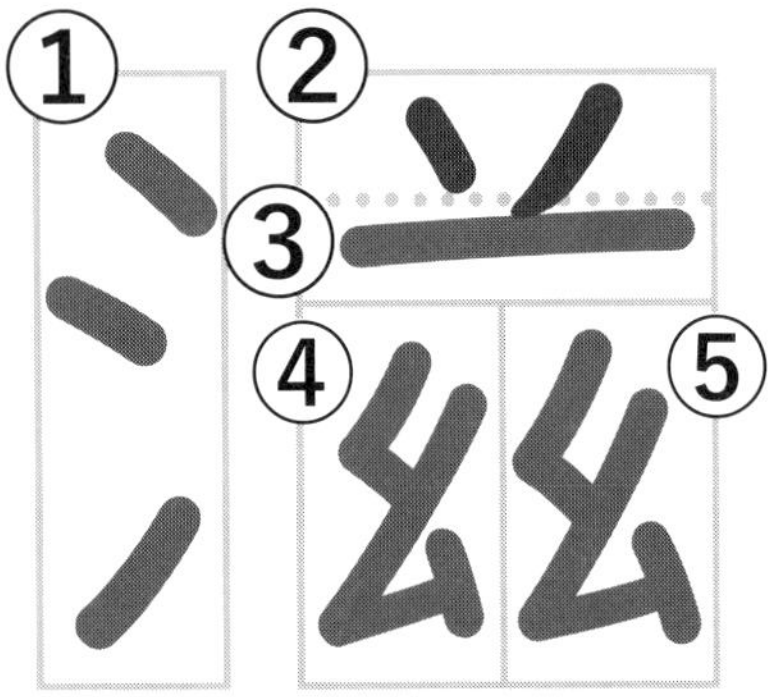

しげる／養分《ようぶん》になる

◆ ——

［ジ］、［シ］

● 滋養（じ　よう）
＝からだの栄養《えいよう》になるもの。

滋賀県（し　が　けん）

辞

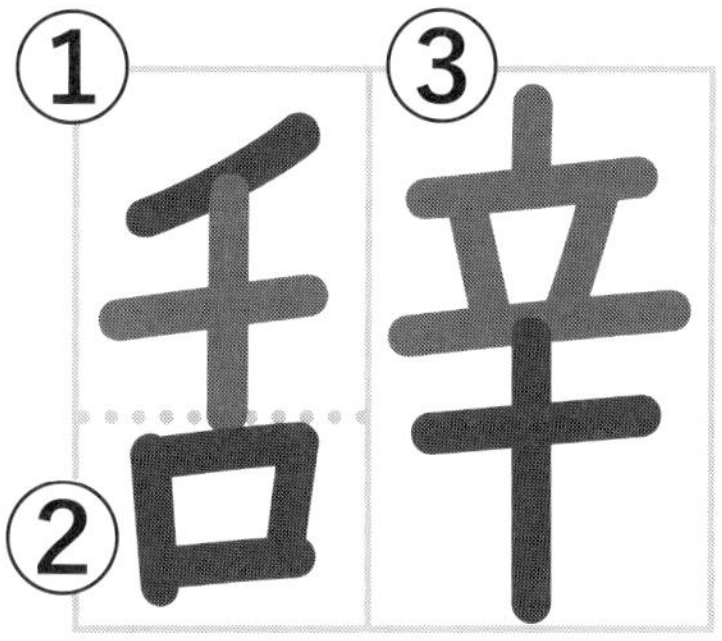

◆やーめる

ジ

●仕事《しごと》を辞（や）める。

辞書（じしょ）

鹿

◆しか、［か］

●鹿（しか）にえさをやる。
鹿児島県（かごしまけん）

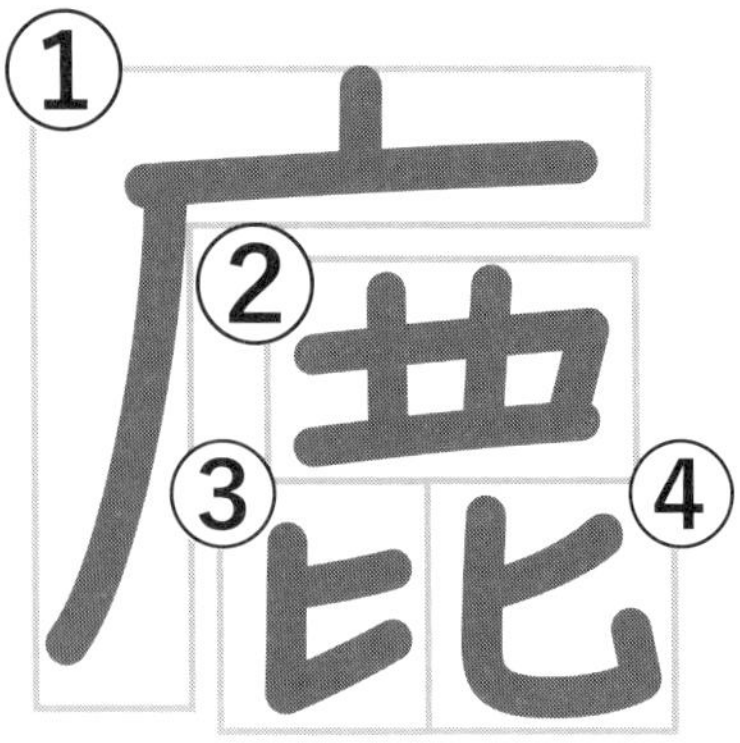

失

失

◆うしな－う

シツ

●災害《さいがい》で家《いえ》を失（うしな）う。

機会《きかい》を失（うしな）う。

失望（しつぼう）する。

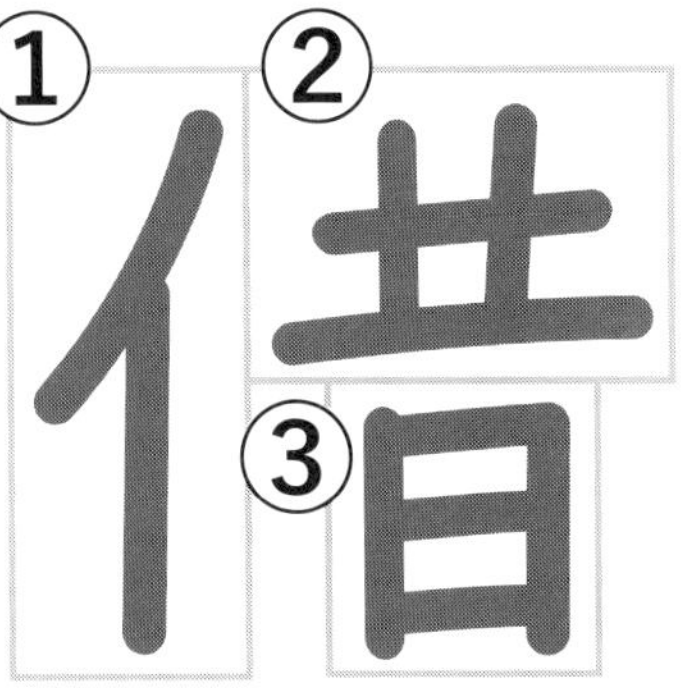

借

◆か－りる
シャク
●消《け》しゴムを借（か）りる。
ノートパソコンを借用（しゃくよう）する。

種

①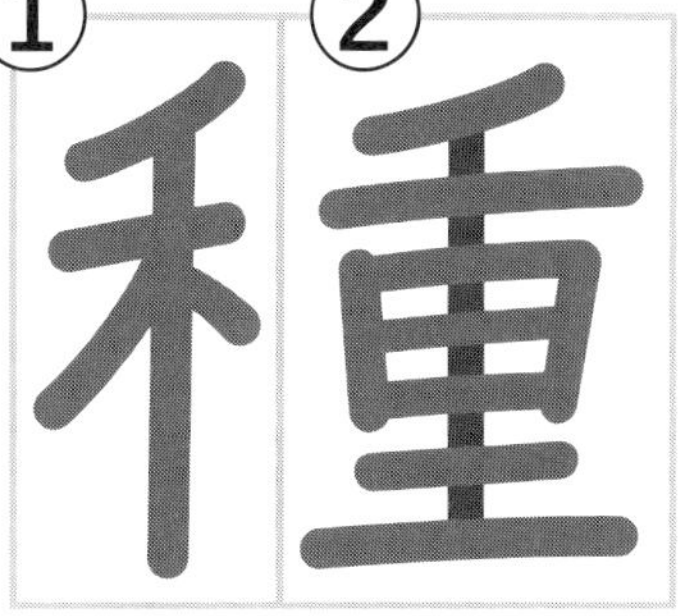②

◆たね
シュ

●ひまわりの種（たね）をまく。
種類（しゅるい）

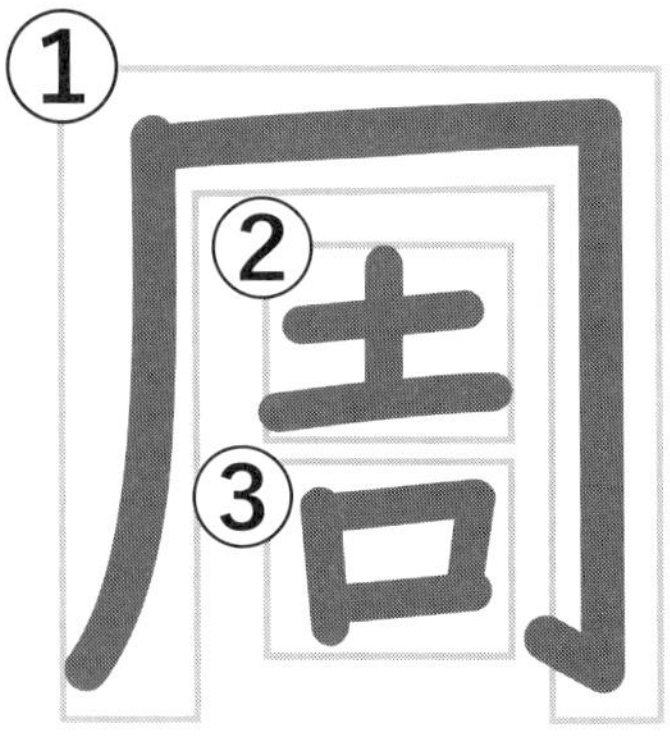

周

◆まわ－り
シュウ

●学校《がっこう》の周（まわ）りを走《はし》る。
周囲（しゅうい）の人《ひと》

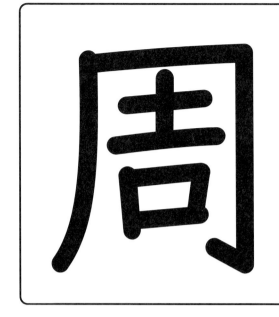

祝

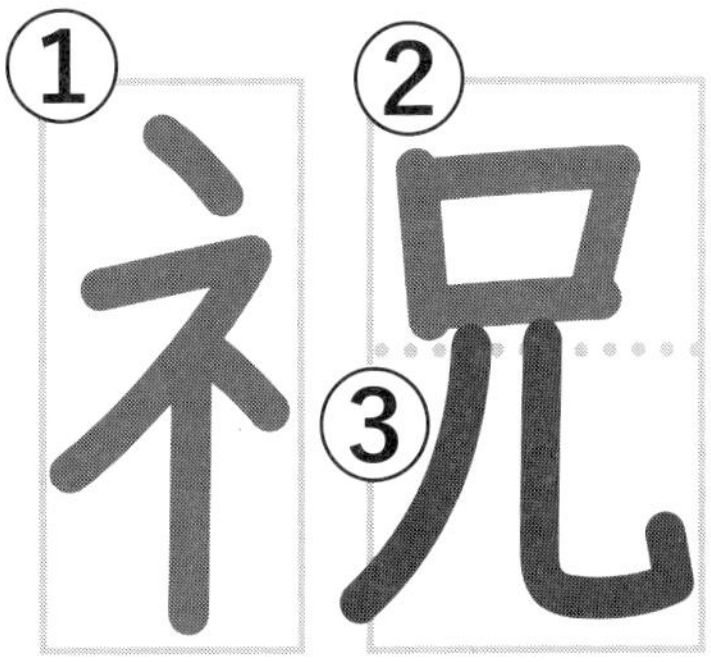

◆いわ－う

シュク、シュウ

●新年《しんねん》を祝（いわ）う。

祝日（しゅくじつ）

祝言（しゅうげん）をあげる。

＝結《けっ》こん式《しき》をすること。

順

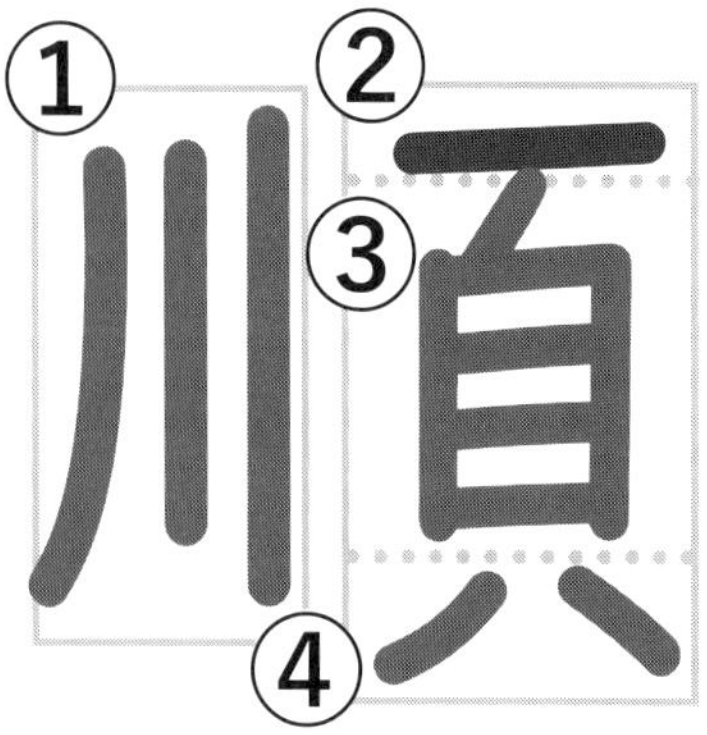

したがう／物事《ものごと》のならび

◆ ―

ジュン

● 従順（じゅう じゅん）な犬《いぬ》

順番（じゅん ばん）を守《まも》る。

大《おお》きい順（じゅん）に並《なら》べる。

初

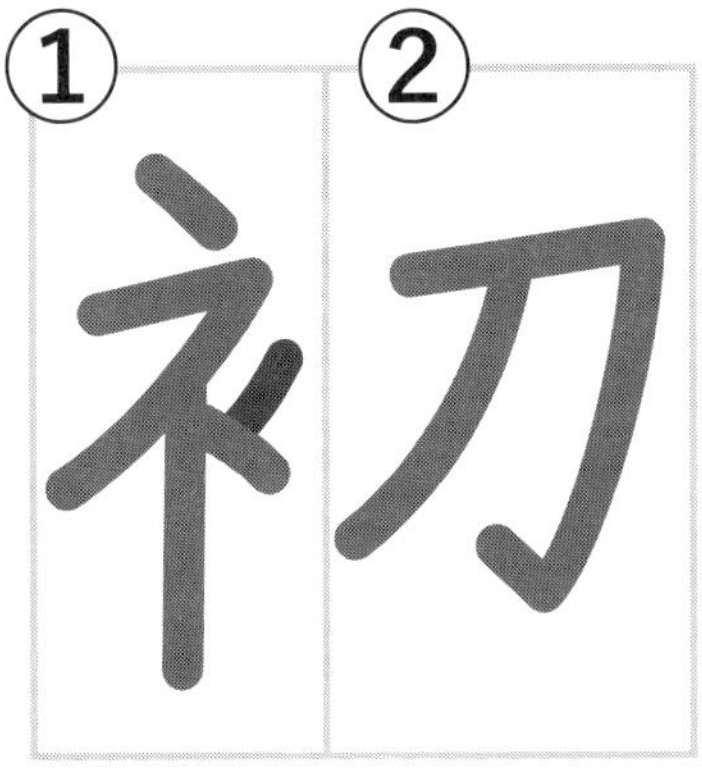

◆はじ－め、はじ－めて、はつ、
うい、そ－める
ショ

●初（はじ）めの一歩《いっぽ》
初（はじ）めて来《き》た町《まち》
初夢（はつ ゆめ）
初産（うい ざん）
書《か》き初（ぞ）め＊
初回（しょ かい）

松

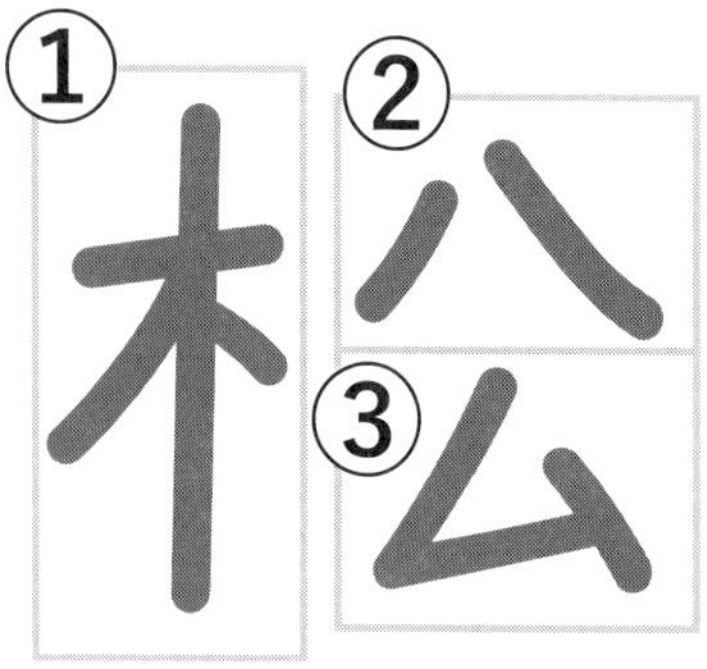

◆まつ
ショウ

●美《うつく》しい松原（まつ ばら）
松竹梅（しょう ちく ばい）

笑

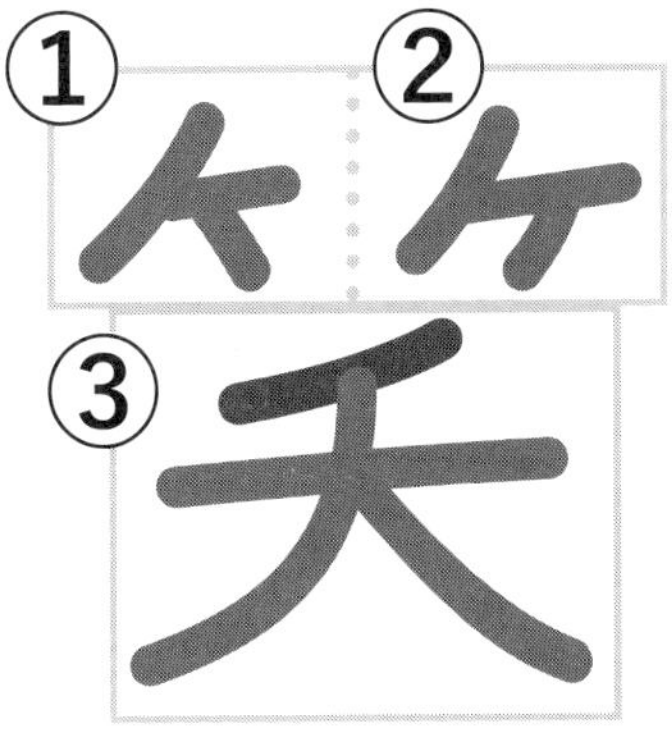

◆わら－う、え－む

ショウ

●大声《おおごえ》で笑（わら）う。

笑（え）み＊をうかべる。

笑顔（えがお）

友人《ゆうじん》と談笑（だんしょう）した。

唱

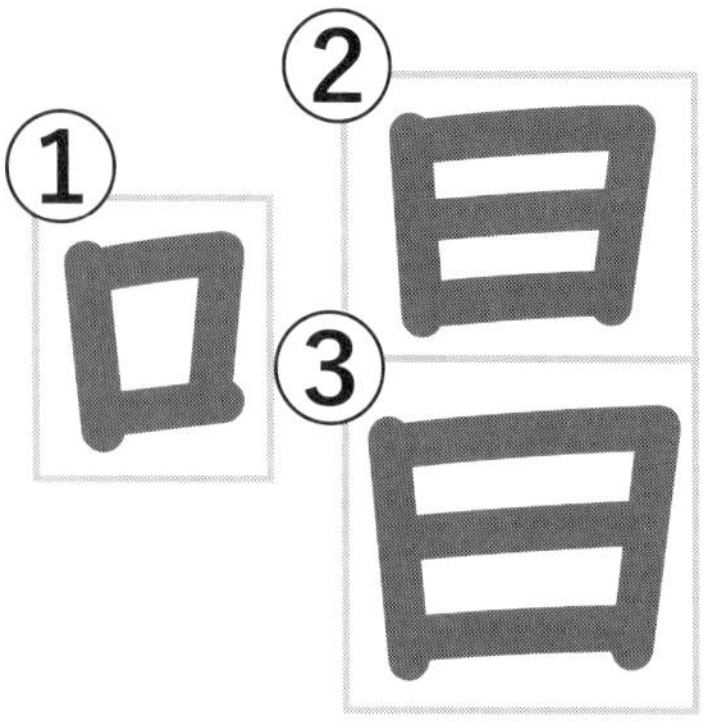

◆とな－える
ショウ

●お経《きょう》を唱（とな）える。
合唱（がっしょう）

焼

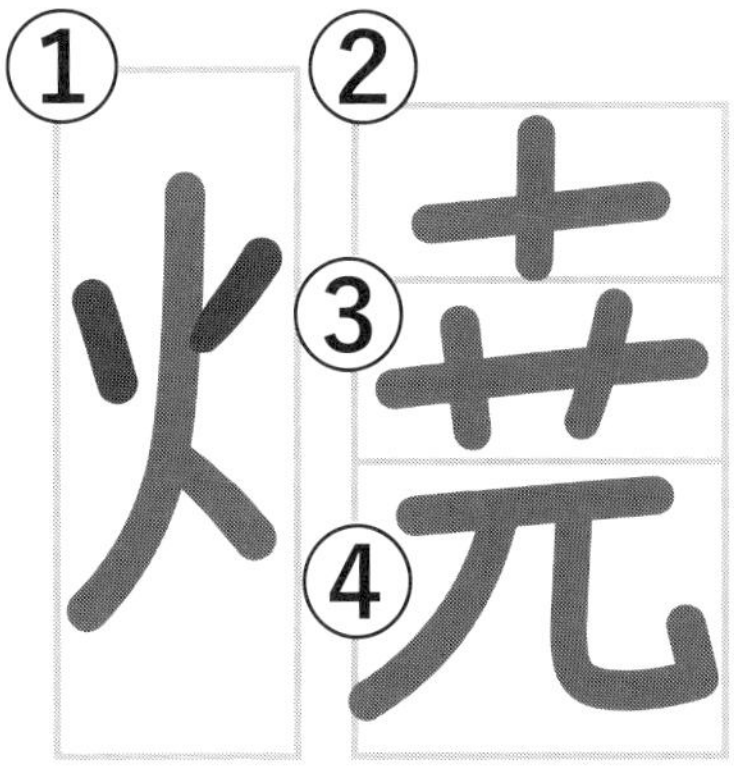

◆やーく、やーける

ショウ

●肉《にく》を焼（や）く。

日《ひ》に焼（や）ける。

スチールウールが燃焼（ねんしょう）する。

照

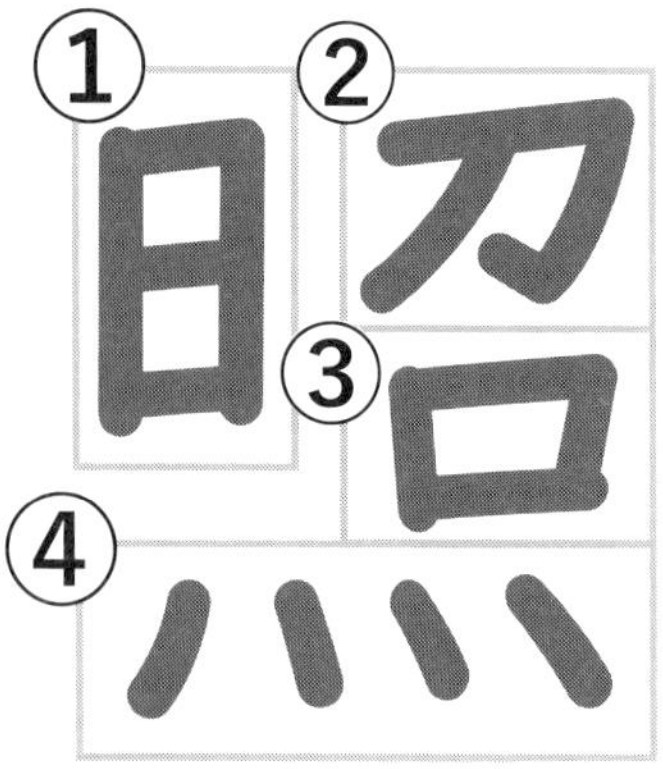

◆て－る、て－らす、て－れる

ショウ

●太陽《たいよう》が照（て）る。

月《つき》の光《ひかり》が海《うみ》を照（て）らす。

ほめられて照（て）れる。

照明（しょう めい）

城

①土 ②成

◆しろ
ジョウ

●城（しろ）を築《きず》く。
城下町（じょうかまち）
大阪城（おおさかじょう）

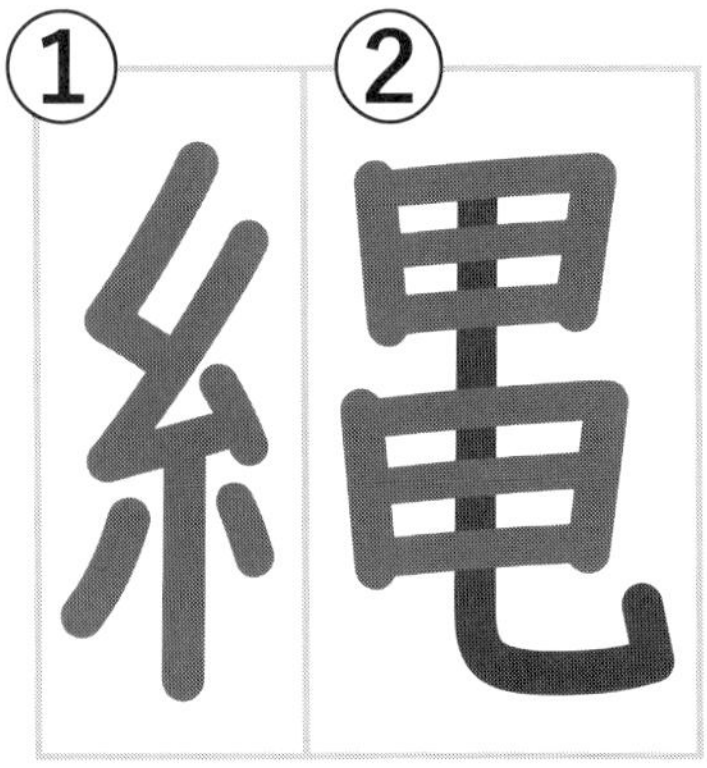

縄

◆なわ
［ジョウ］

●縄（なわ）とびをする。
沖縄県（おきなわ けん）
縄文（じょう もん）時代《じだい》

臣

◆ —

シン、ジン

●家臣（かしん）

＝その家《いえ》の主人《しゅじん》（との様《さま》）に仕《つか》える家来《けらい》のこと。

外務《がいむ》大臣（だいじん）に就任《しゅうにん》する。

けらい

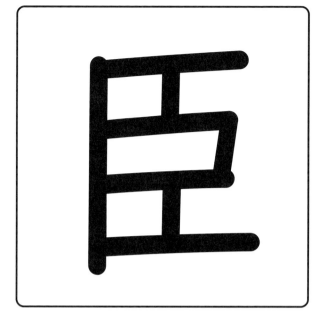

信

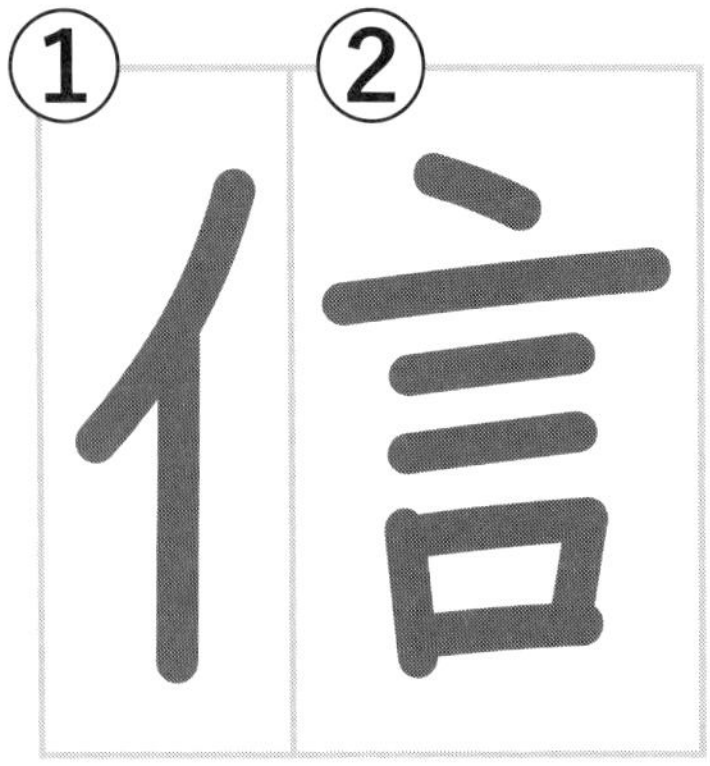

まこと／疑《うたが》いない

◆ —

● シン

医者《いしゃ》を信用（しんよう）する。

通信（つうしん）速度《そくど》

体力《たいりょく》には自信（じしん）がある。

人《ひと》を信（しん）じる。

井

◆い

［セイ］、［ショウ］

●井戸（いど）

福井県（ふくいけん）

市井（しせい）

＝人《ひと》が多《おお》く集《あつ》まって住《す》む所《ところ》。

＊天井（てんじょう）

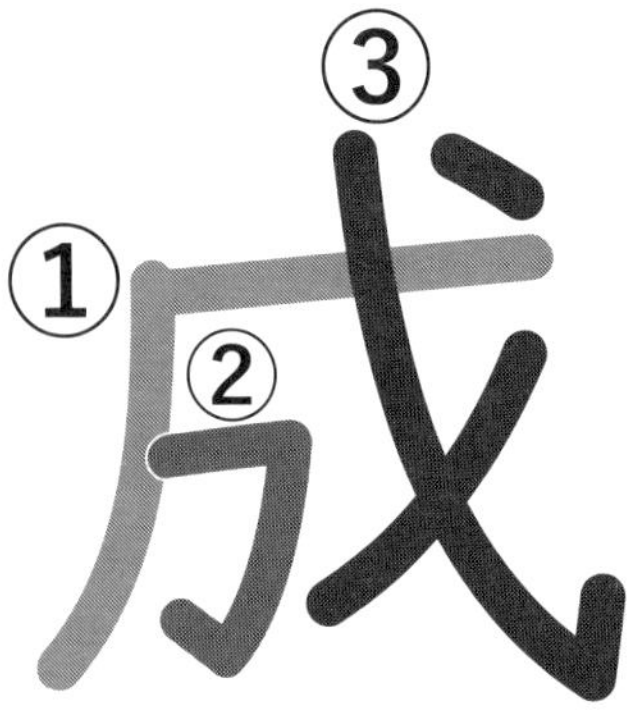

成

◆な－る、な－す

セイ、ジョウ

●なせば成(な)る。 =やればできる。

作家《さっか》として名《な》を成(な)す。

実験《じっけん》に成功(せい こう)する。

成就(じょう じゅ)

=物事《ものごと》を成《な》しとげること。

願《ねが》いがかなうこと。

省

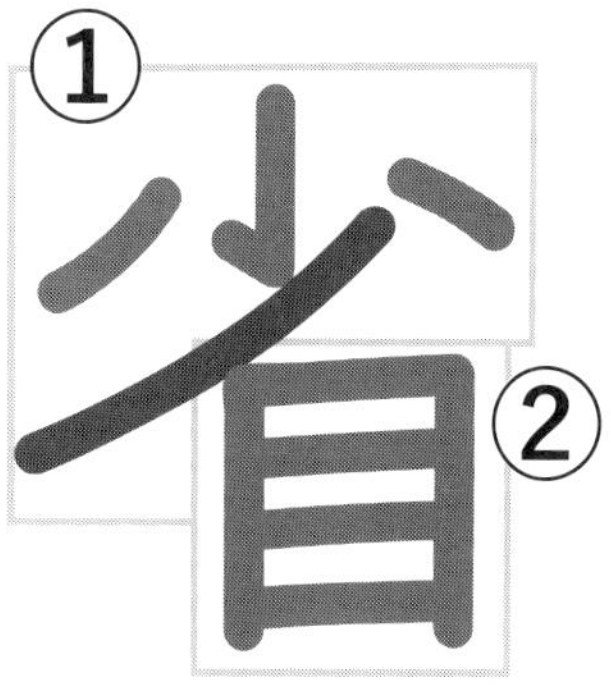

◆かえり－みる、はぶ－く

セイ、ショウ

●自分《じぶん》の行《おこな》いを省（かえり）みる。

手間《てま》を省（はぶ）く。

反省（はん せい）

文部《もんぶ》科学《かがく》省（しょう）

省略（しょうりゃく）

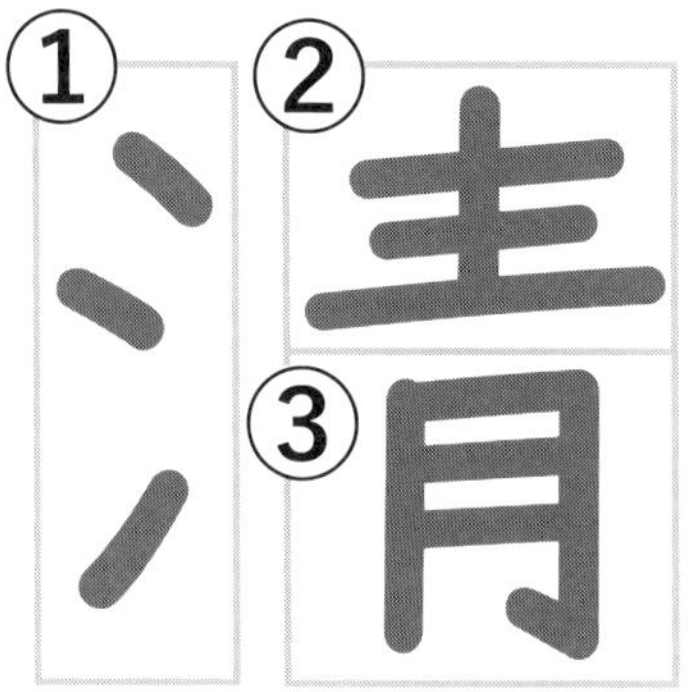

清

◆きよ－い
きよ－まる、きよ－める
セイ、ショウ

●清（きよ）い水《みず》
身《み》も心《こころ》も洗《あら》い清（きよ）める。
清潔（せいけつ）な部屋《へや》

静

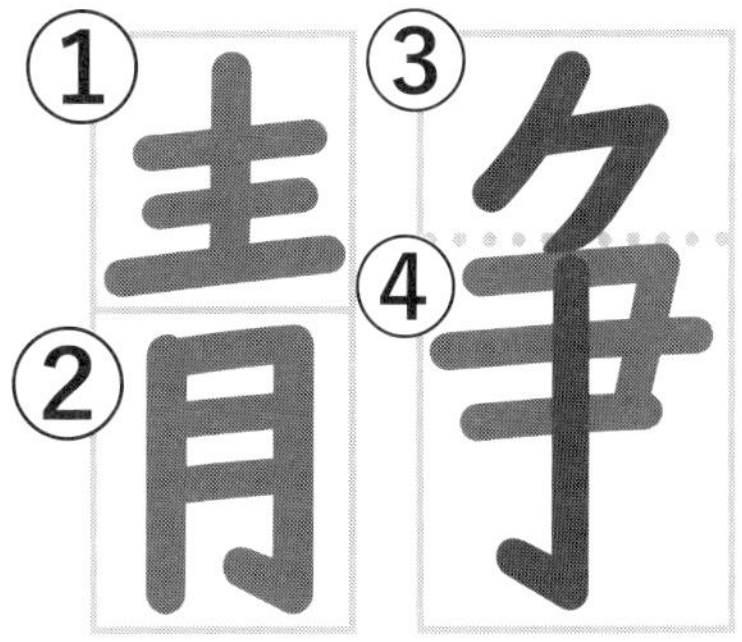

◆**しず**、**しず**－か
しず－まる、**しず**－める
セイ、ジョウ

●静岡県（しずおかけん）
静（しず）かな夜《よる》
さわぎが静（しず）まる。
気《き》を静（しず）める。
ふりこが静止（せいし）する。
静脈（じょうみゃく）

席

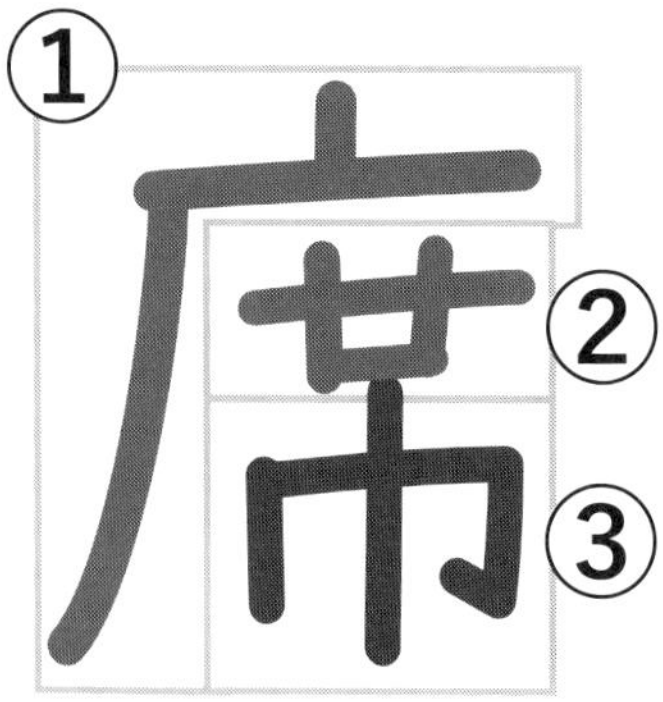

人《ひと》が座《すわ》るところ

◆ —

セキ

●席（せき）に着《つ》く。

出席（しゅっ　せき）する。

欠席（けっ　せき）する。

新幹線《しんかんせん》の指定席（し　てい　せき）

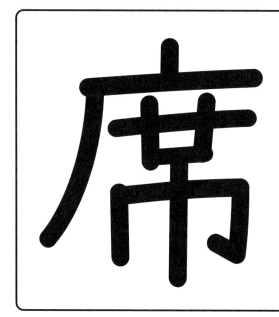

積

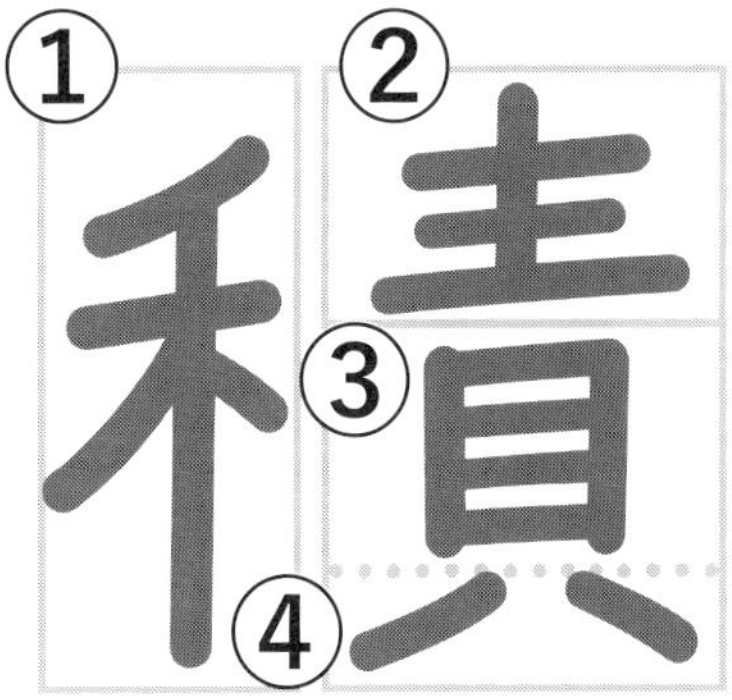

◆つ－む、つ－もる

セキ

●荷物《にもつ》を積（つ）む。

雪《ゆき》が積（つ）もる。

体積（たい　せき）

折

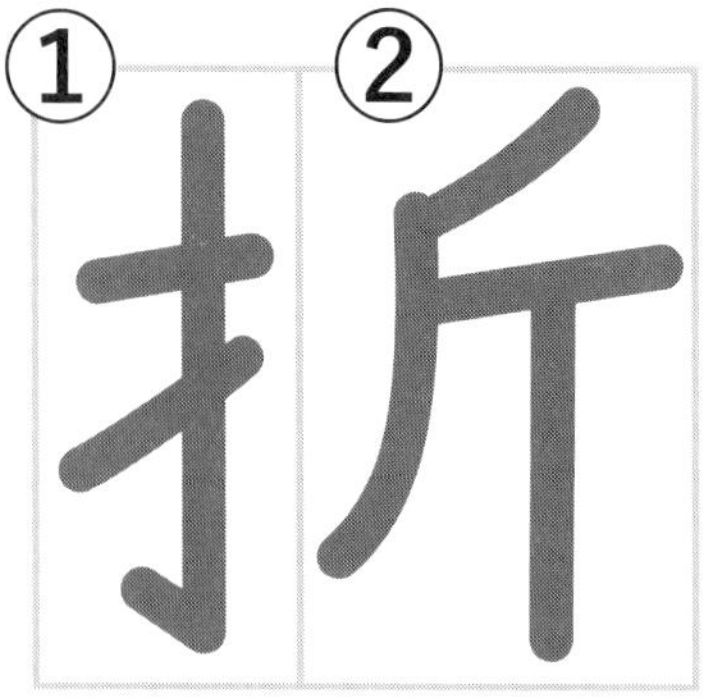

◆**お**ーる、**おり**、**お**ーれる

セツ

●紙《かみ》を折（お）る。

折（おり）をみて話《はな》す。

えんぴつが折（お）れる。

次《つぎ》の十字路《じゅうじろ》を左折（させつ）する。

節

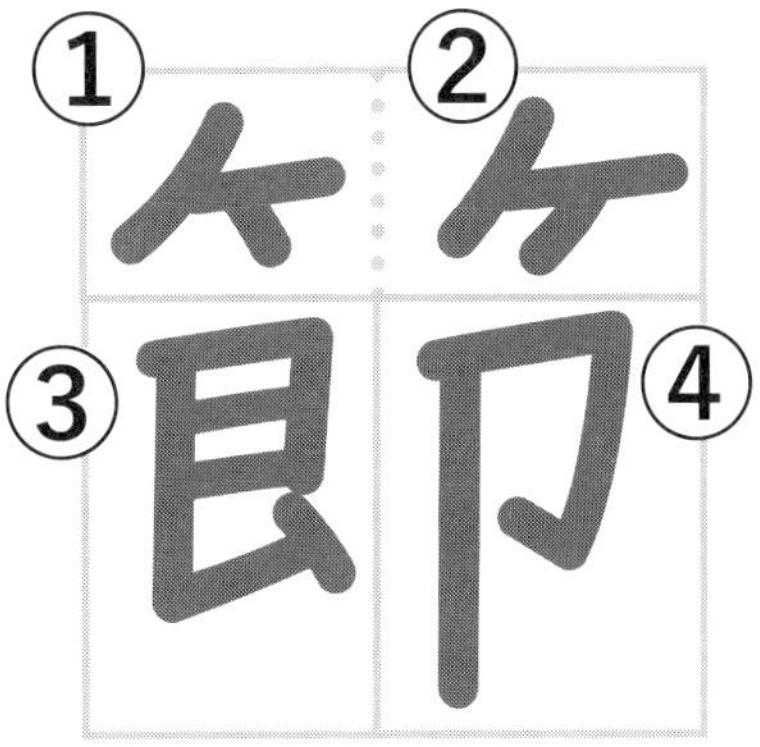

◆ふし

セツ、セチ

●竹《たけ》の節（ふし）

季節（きせつ）

水《みず》を節約（せつやく）する。

正月《しょうがつ》のお節（せち）料理《りょうり》

説

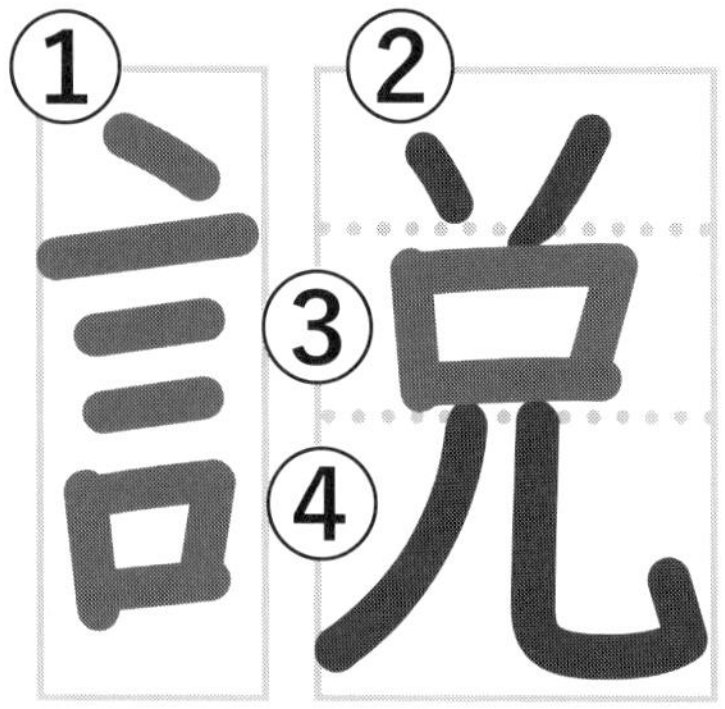

話《はな》してわからせる

◆とーく

セツ、ゼイ

●教《おし》えを説（と）く。

作《つく》り方《かた》を説明（せつ めい）する。

遊説（ゆう ぜい）

＝政治家《せいじか》などが、自分《じぶん》の主張《しゅちょう》を話《はな》して
まわること。

浅

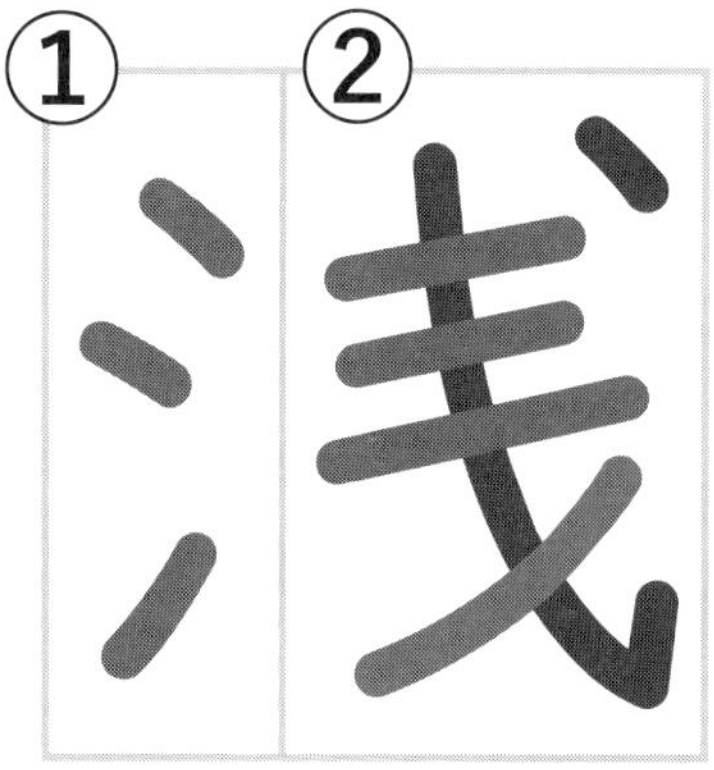

◆あさ－い
セン

●浅（あさ）いプール
浅学（せんがく）
＝知識《ちしき》が十分《じゅうぶん》でないこと。

戦

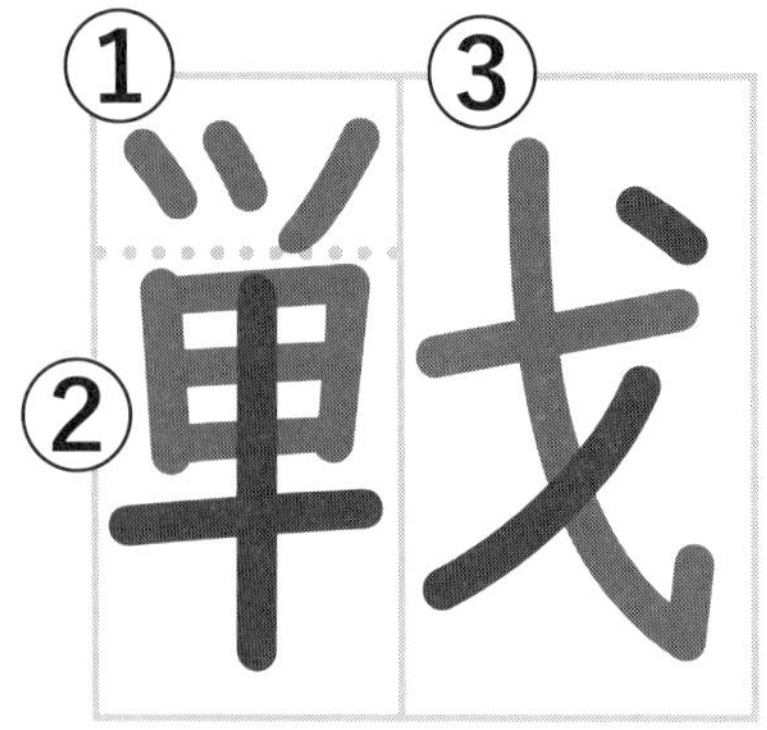

◆たたか－う
いくさ
セン

●激《はげ》しく戦（たたか）う。
負《ま》け戦（いくさ）
作戦（さく せん）をたてる。
戦争（せん そう）をする。

選

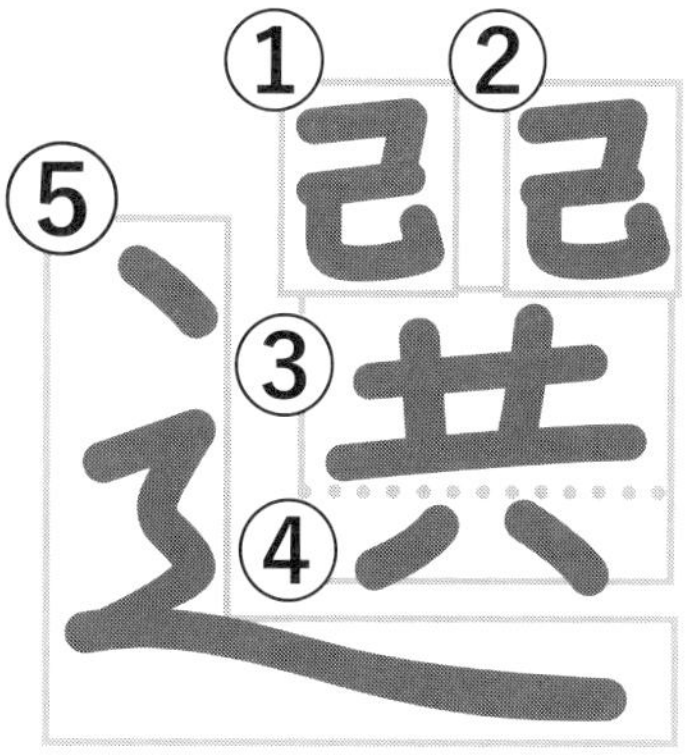

◆えら－ぶ

セン

●プレゼントを選（えら）ぶ。

選挙（せんきょ）

選手（せんしゅ）

然

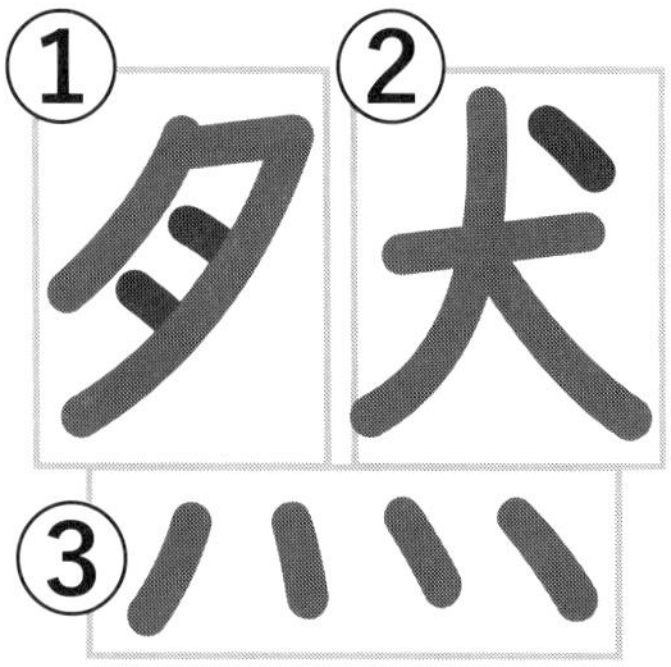

そのとおりである

◆ ――
ゼン、ネン

●自然（しぜん）がいっぱいの村《むら》
天然（てんねん）のウナギ

争

◆あらそ－う

ソウ

●マラソンでトップを争（あらそ）う。

どこまで遠《とお》くに投《な》げられるか

競争（きょうそう）する。

倉

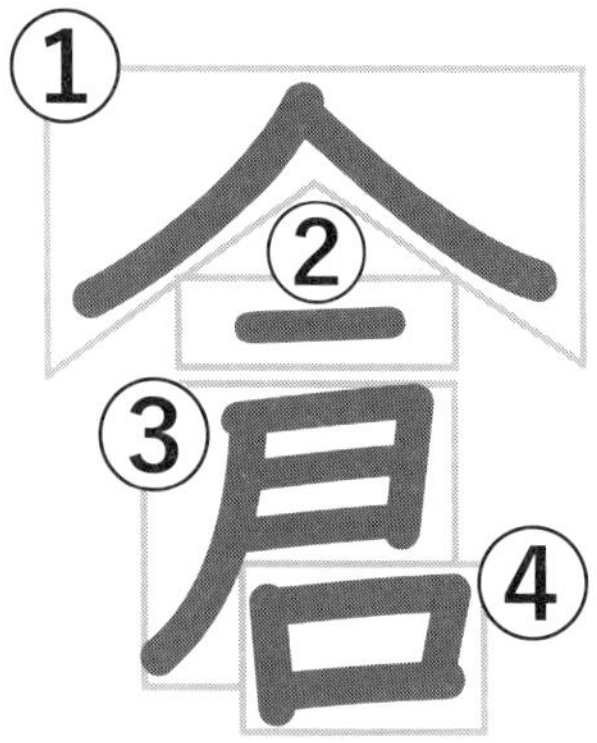

◆くら
ソウ

●倉（くら）に穀物《こくもつ》をたくわえる。
米倉（こめ ぐら）*
倉庫（そう こ）

巣

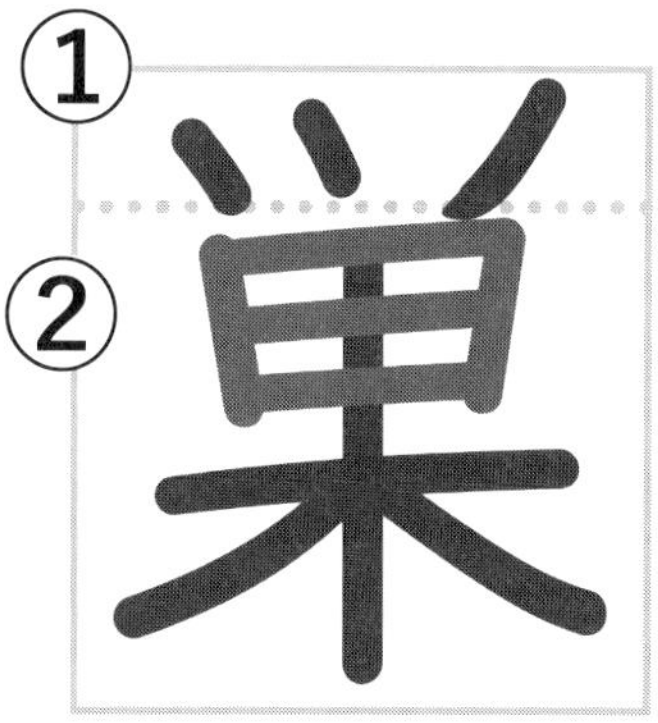

◆す
ソウ

●アリの巣（す）
巣箱（すばこ）
営巣（えいそう）
＝動物《どうぶつ》が巣《す》を作《つく》ること。

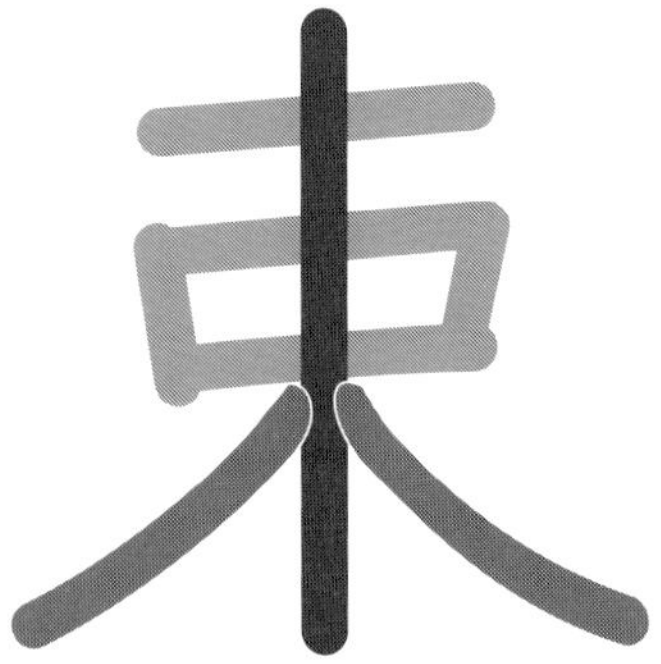

束

◆たば

ソク

●花束（はな　たば）

約束（やく　そく）を守《まも》る。

側

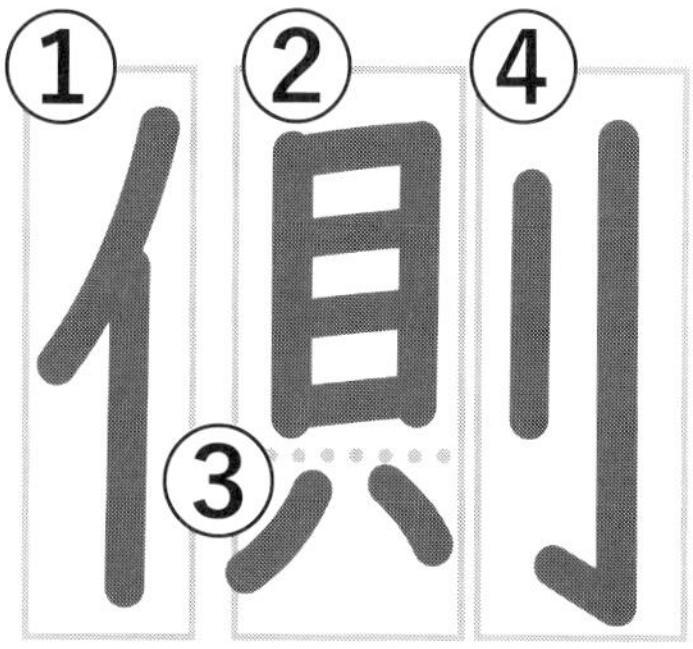

◆がわ
ソク

●左側（ひだり　がわ）を歩《ある》く。
側面（そく　めん）

ものの一方《いっぽう》／かたわら

続

◆つづ－く、つづ－ける

ゾク

●次《つぎ》のページに続（つづ）く。

努力《どりょく》を続（つづ）ける。

連続（れんぞく）ドラマ

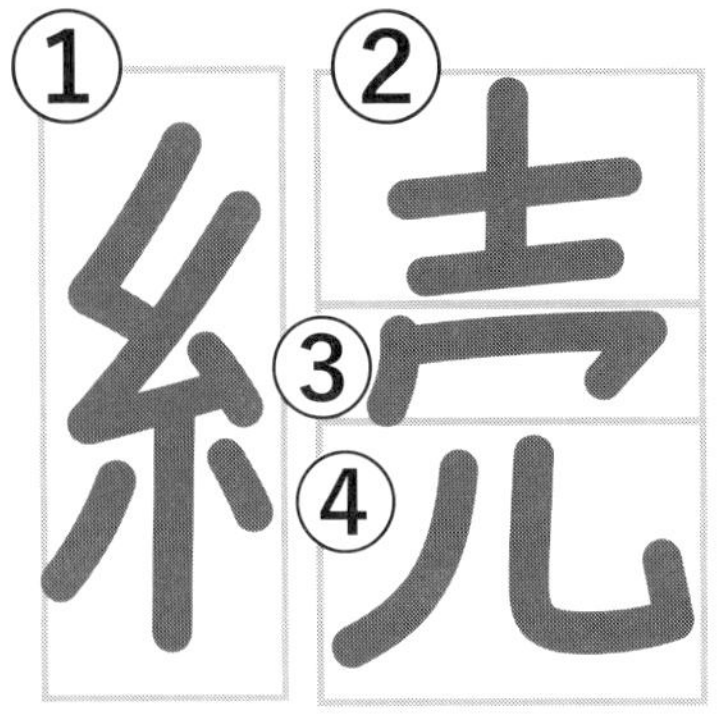

卒

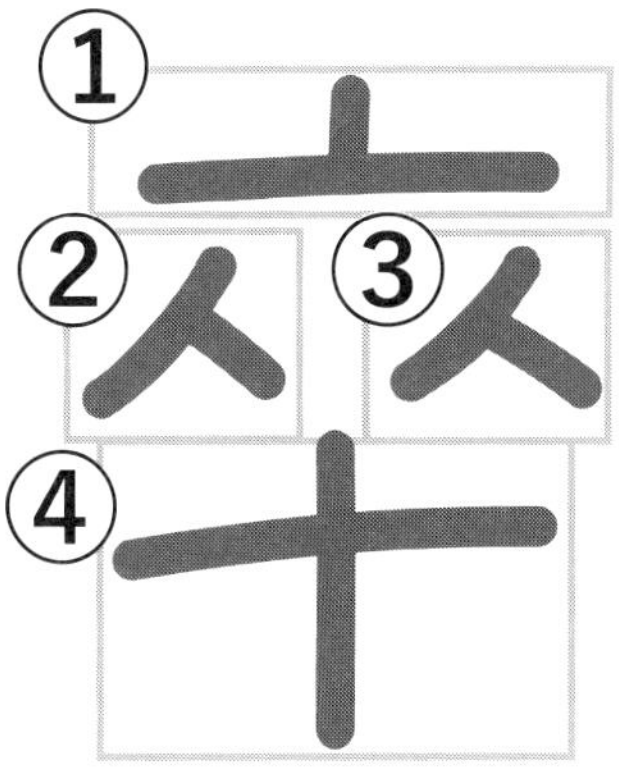

◆ ―

● ソツ

学校《がっこう》を卒業（そつ　ぎょう）する。

新卒（しん　そつ）

脳《のう》卒中（そっ　ちゅう）＊

＝脳《のう》の血管《けっかん》がつまる病気《びょうき》

終《お》わる／突然《とつぜん》

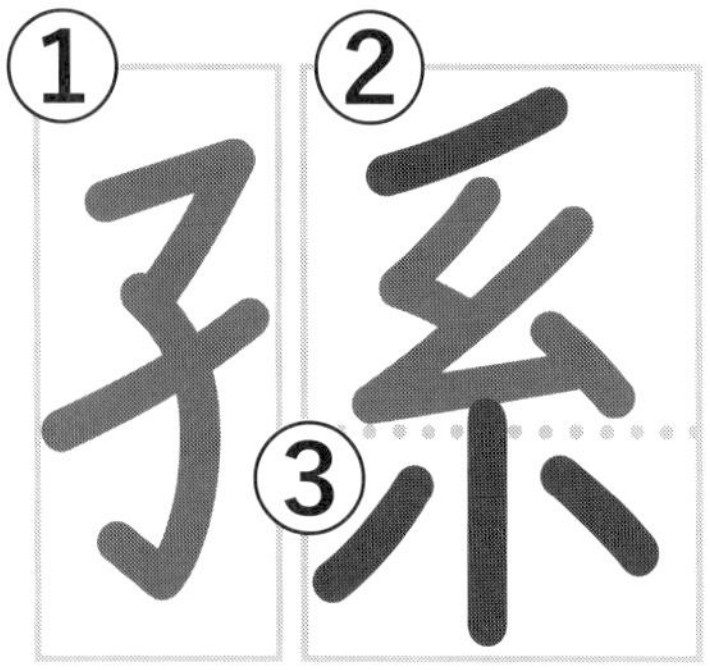

孫

◆まご
ソン
●かわいい孫（まご）
子孫（しそん）

帯

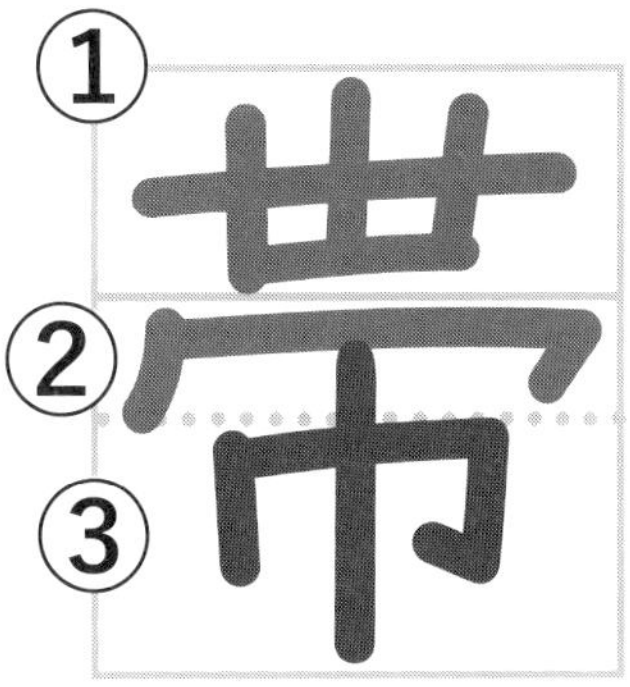

◆お－びる、おび

タイ

●空《そら》が赤《あか》みを帯（お）びる。

和服《わふく》の帯（おび）

熱帯（ねったい）気候《きこう》

隊

集《あつ》まり／一団《いちだん》のまとまり

◆ —

タイ

● 隊長（たいちょう）

音楽隊（おんがくたい）

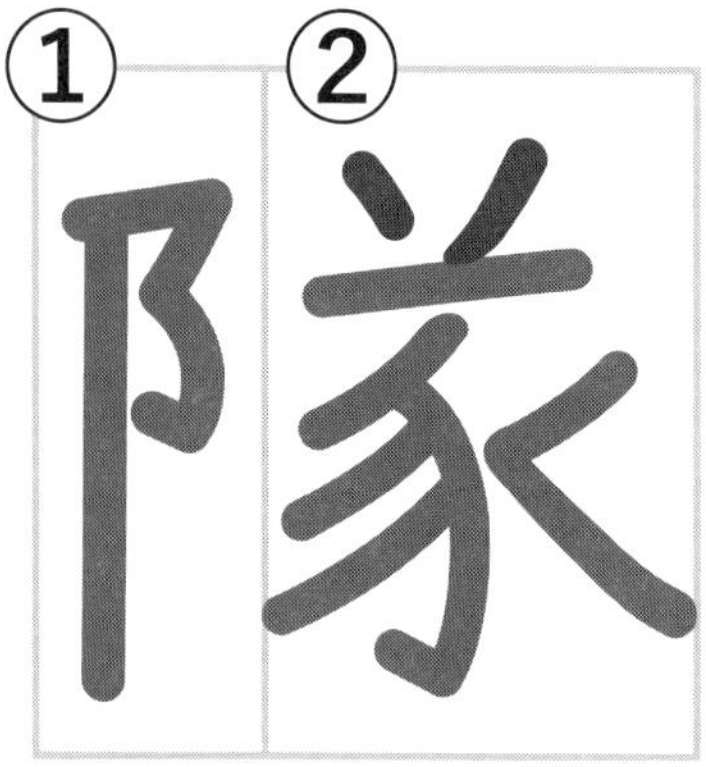

達

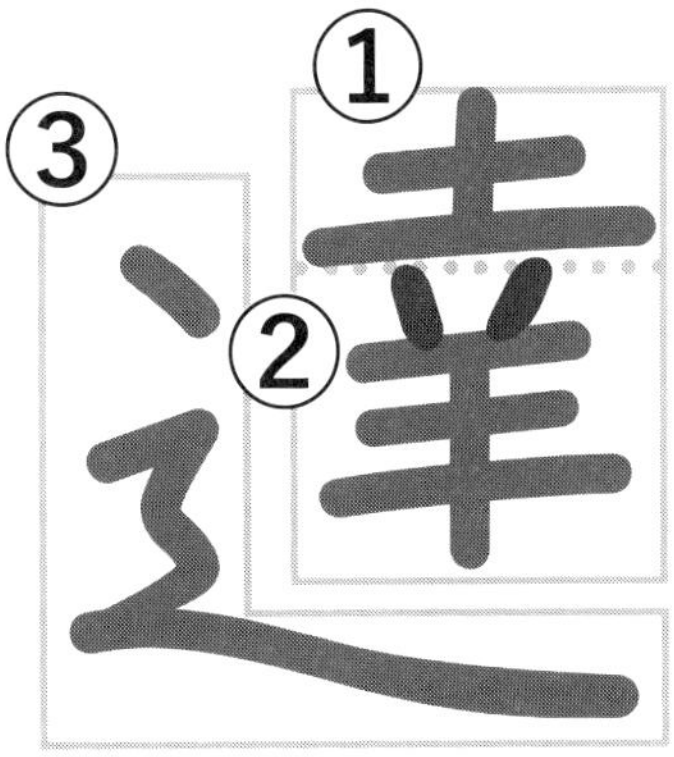

◆ —

● タツ

商品《しょうひん》を配達（はいたつ）する。

ゲームの達人（たつじん）

目標《もくひょう》を達成（たっせい）する。＊

上達（じょうたつ）が早《はや》い。

いきつく／目的《もくてき》がかなう

単

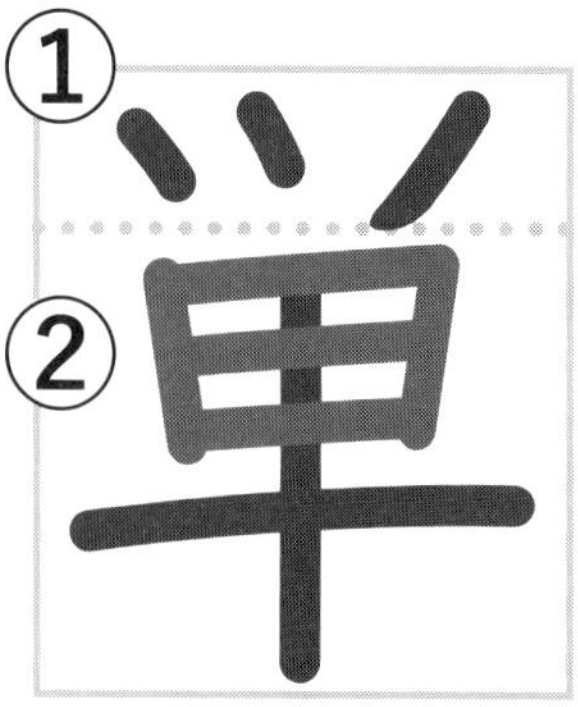

ただ一《ひと》つ／複雑《ふくざつ》でない

◆ ——

タン

● 単一（たんいつ）

単語（たんご）

簡単（かんたん）な問題《もんだい》

置

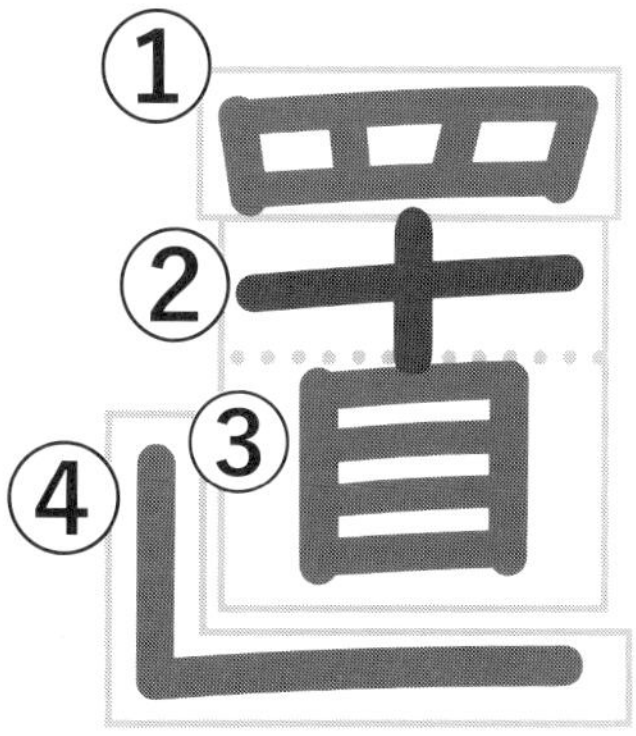

◆おーく

チ

●荷物《にもつ》を置（お）く。

エアコンを設置（せっち）する。

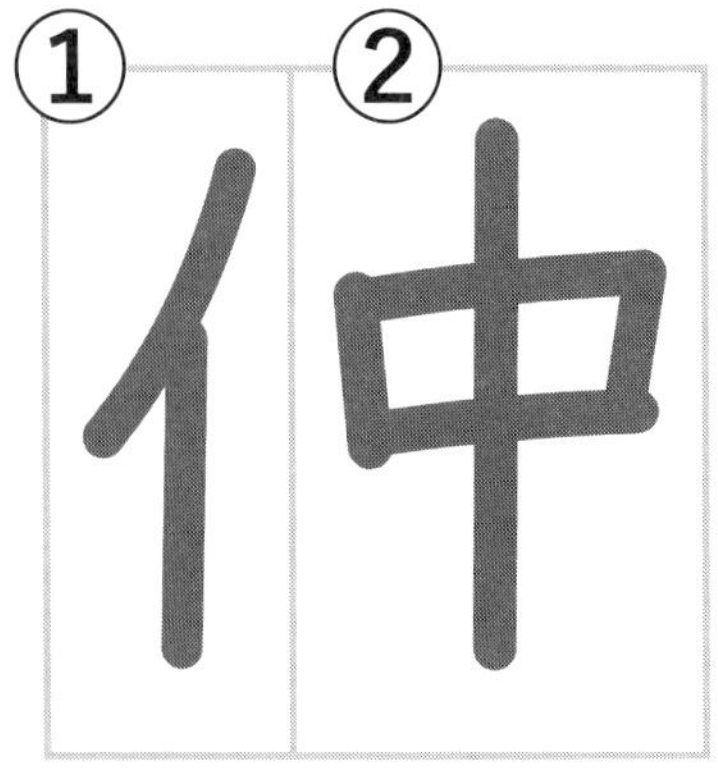

仲

◆なか

チュウ

●仲間（なかま）

友《とも》だちと仲良（なかよ）くする。

けんかの仲裁（ちゅうさい）に入《はい》る。

沖

◆おき

［チュウ］

●沖合（おき あい）漁業《ぎょぎょう》

沖縄県（おき なわ けん）

沖積（ちゅう せき）

＝川《かわ》の流《なが》れが運《はこ》んだ土砂《どしゃ》が沈《しず》んで積《つ》み重《かさ》なること。

兆

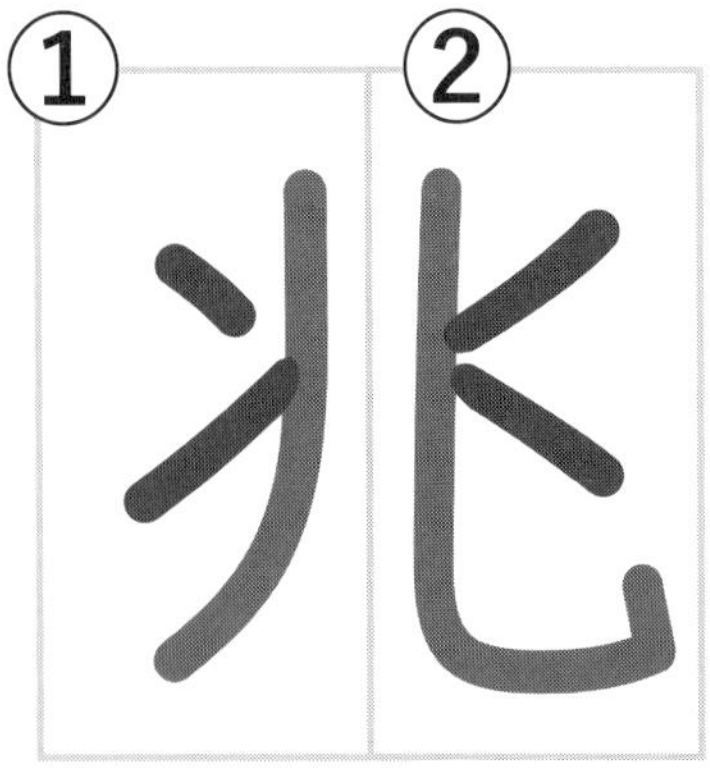

◆きざ－す、きざ－し

チョウ

●秋《あき》が兆（きざ）す。

回復《かいふく》の兆（きざ）し

土砂災害《どしゃさいがい》の前兆（ぜんちょう）がある。

一兆円（いっちょう えん）

低

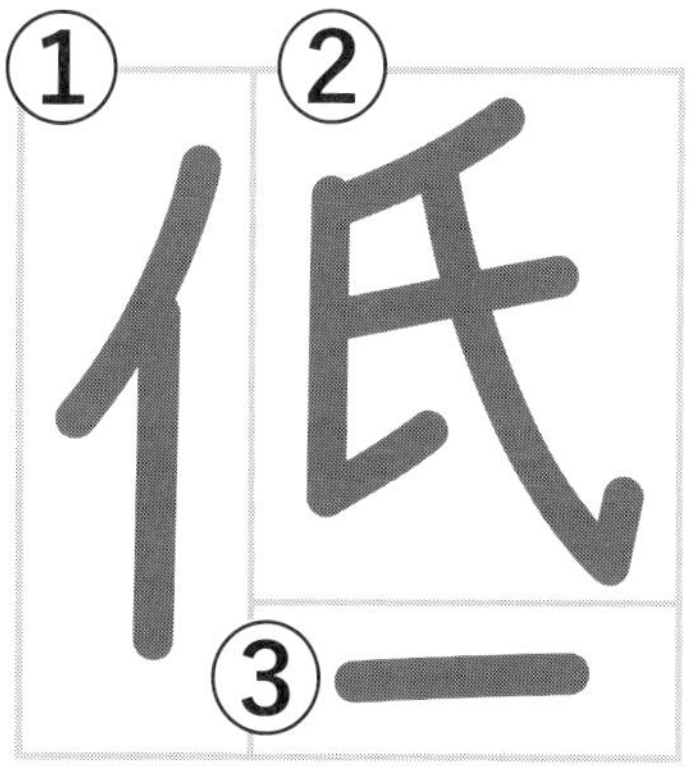

◆ひく－い

ひく－める、ひく－まる

テイ

●気《き》温《おん》が低（ひく）い。

頭《あたま》を低（ひく）める。

低（ひく）まった土《と》地《ち》

低気圧（ていきあつ）

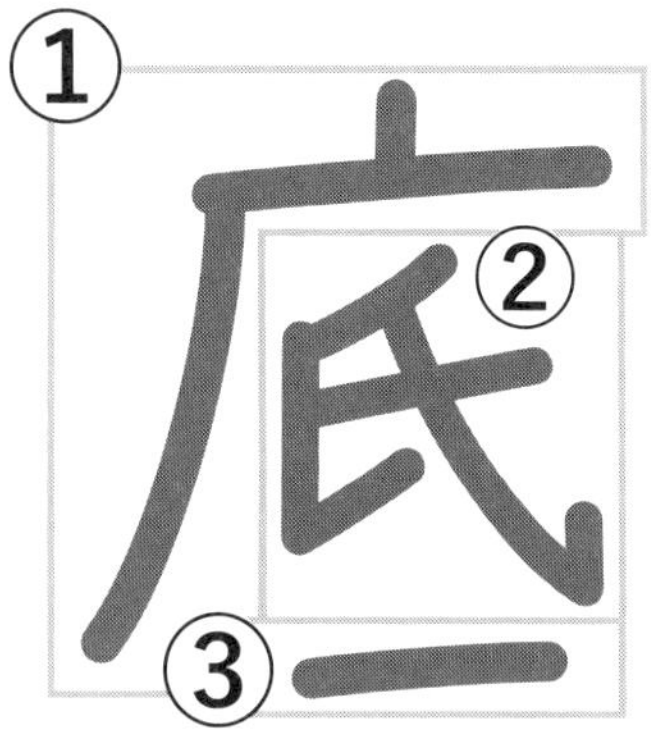

底

◆そこ

テイ

●びんの底（そこ）

底辺（ていへん）

海底（かいてい）

的

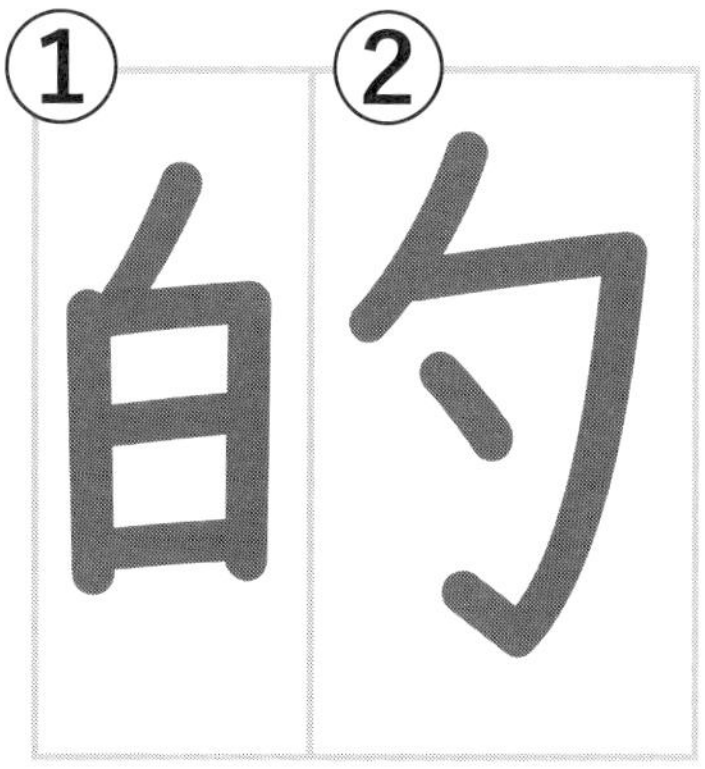

◆まと
テキ

●的（まと）をねらう。
あこがれの的（まと）
予想《よそう》が的中（てきちゅう）する。
旅行《りょこう》の目的（もくてき）は、その国《くに》の文化《ぶんか》を知《し》ることだ。

典

大切《たいせつ》な書物《しょもつ》／手本《てほん》

◆ ―

テン

● 百科事典（ひゃっかじてん）

典型的（てんけいてき）な例《れい》

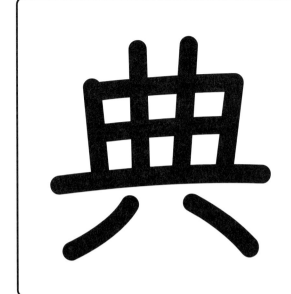

伝

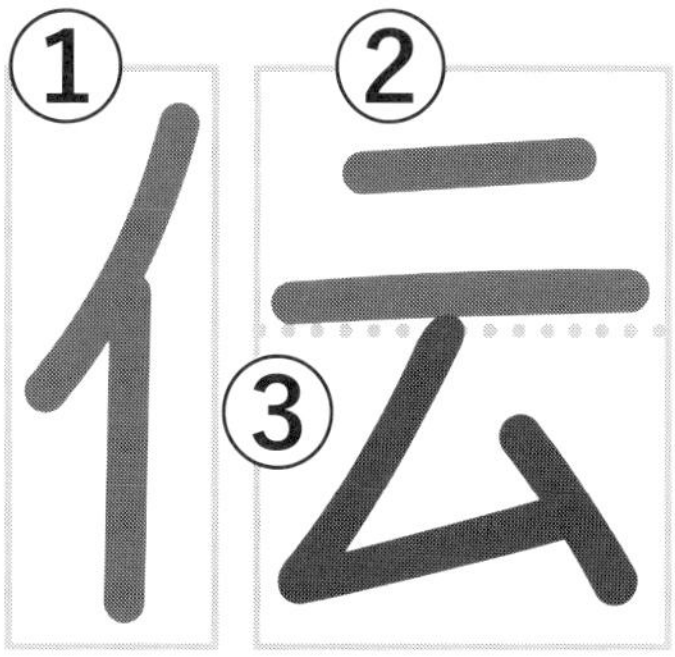

◆つた-わる、つた-える
つた-う
デン

●うわさが伝（つた）わる。
日本《にっぽん》の文化《ぶんか》を伝（つた）える。
しずくがガラスを伝（つた）う。

伝言（でん ごん）

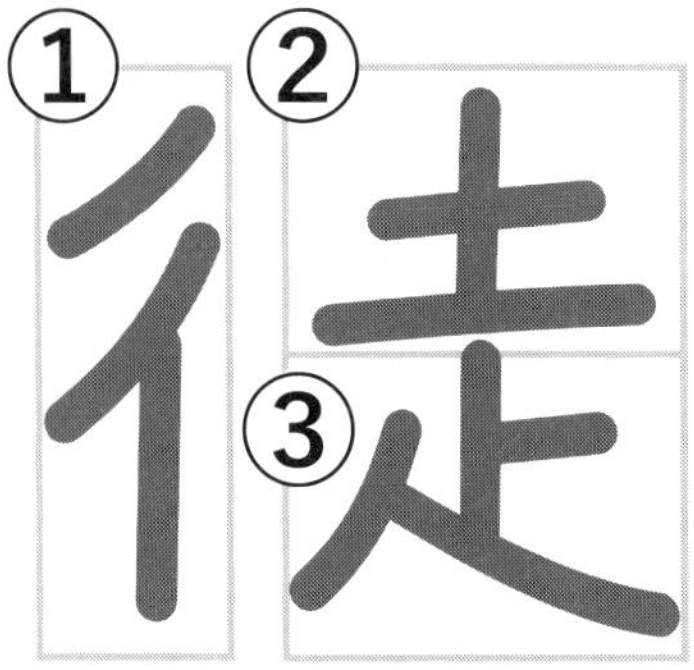

徒

歩《ある》いてゆく／弟子《でし》

◆ ―

ト

● 徒歩（とほ）で学校《がっこう》に通《かよ》う。

生徒（せいと）

努

①女 ②又 ③力

◆つとーめる

ド

●問題《もんだい》の解決《かいけつ》に努（つと）める。

合格《ごうかく》するために努力（どりょく）する。

いっしょうけんめいに力《ちから》をつくす

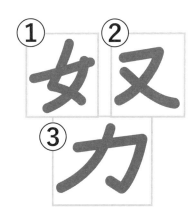

灯

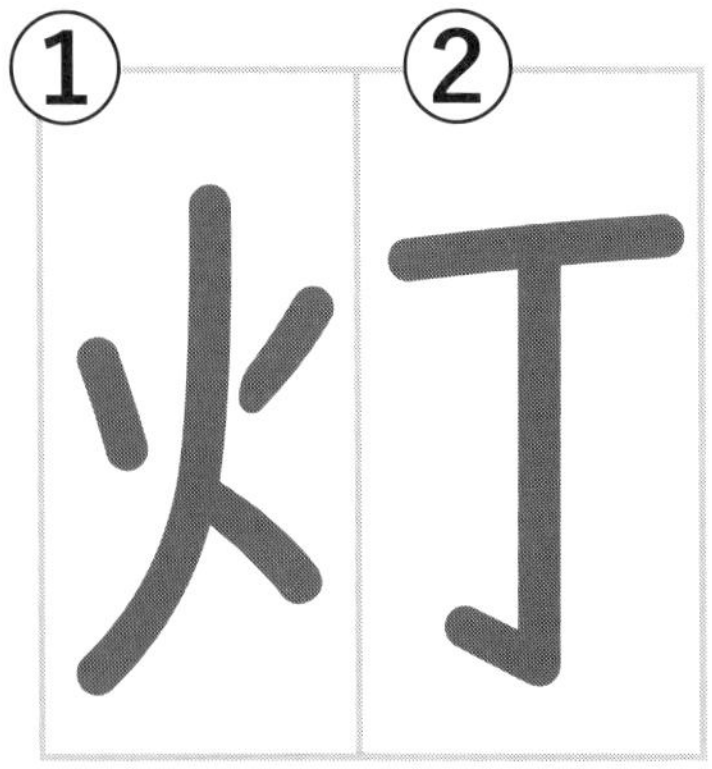

明《あ》かり／ともしび

◆ひ

トウ

●夜《よる》の町《まち》に灯（ひ）がともる。

灯台（とうだい）

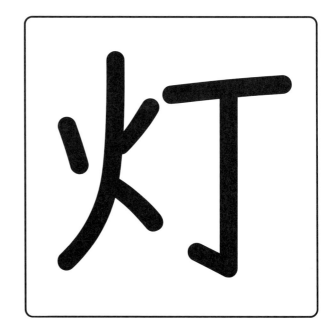

働

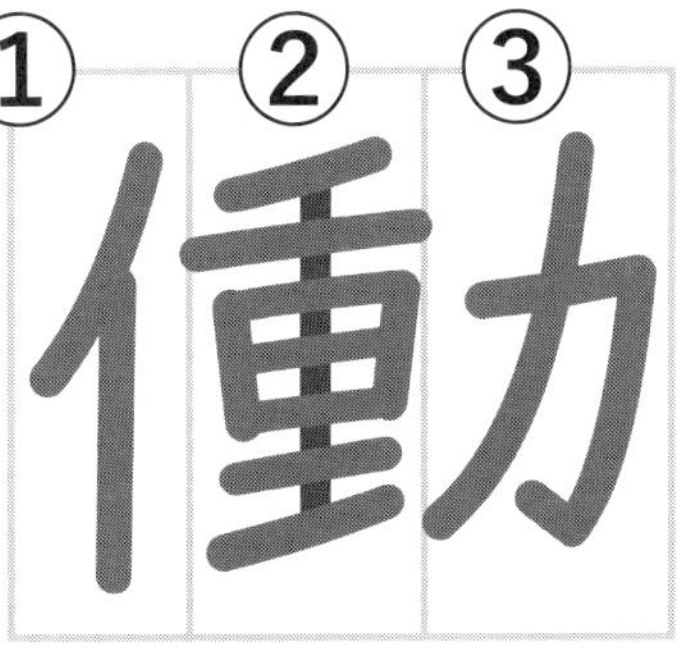

◆はたら－く

ドウ

●会社《かいしゃ》で働（はたら）く。

労働（ろうどう）者《しゃ》

特

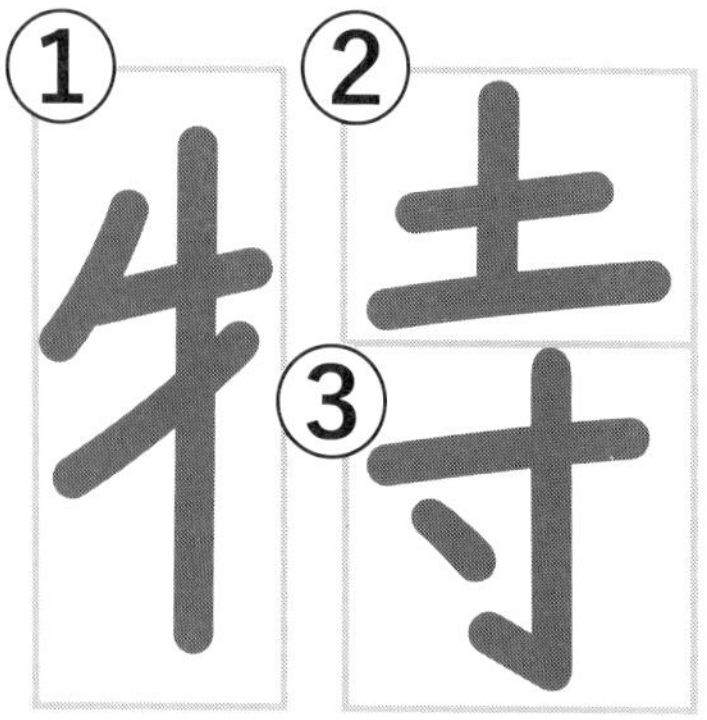

とりわけ／一《ひと》つだけ違《ちが》う

◆ ―

トク

● 特別（とくべつ）な日《ひ》

特（とく）に大事《だいじ》な部分《ぶぶん》

徳

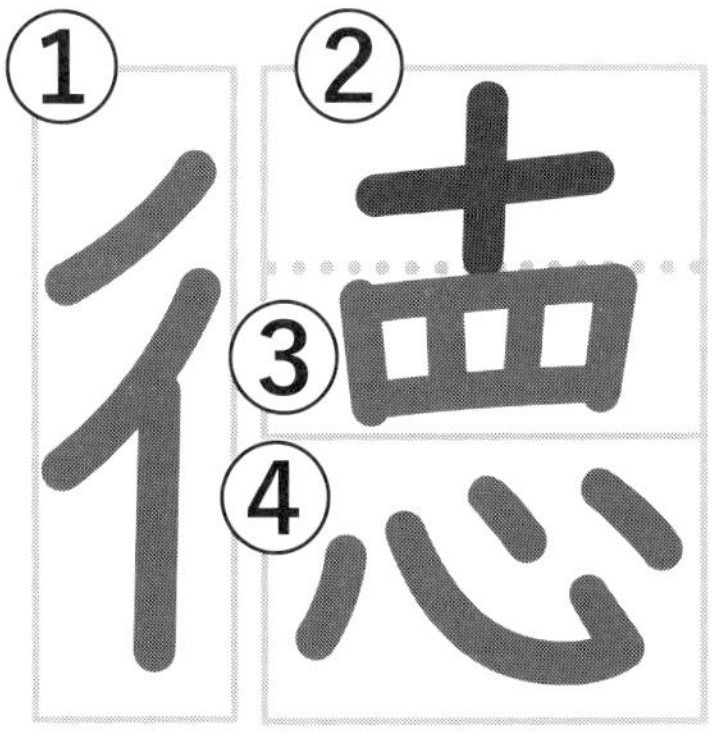

◆ ―

● トク

道徳（どう とく）

徳（とく）の高《たか》い人物《じんぶつ》

徳島県（とくしまけん）

正《ただ》しくりっぱな心《こころ》や行《おこな》い

栃

とちのき（落葉広葉樹林《らくようこうようじゅりん》のひとつ）

◆［とち］

―

●栃木県（とちぎけん）

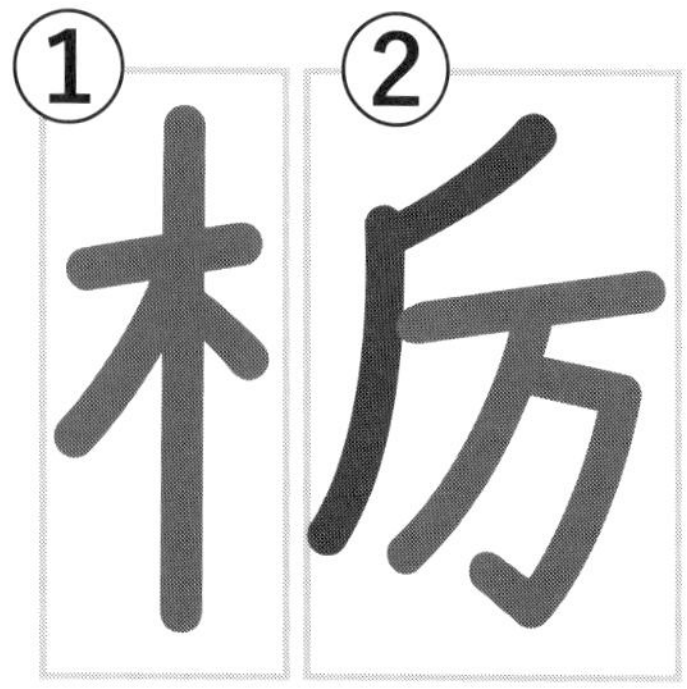

奈

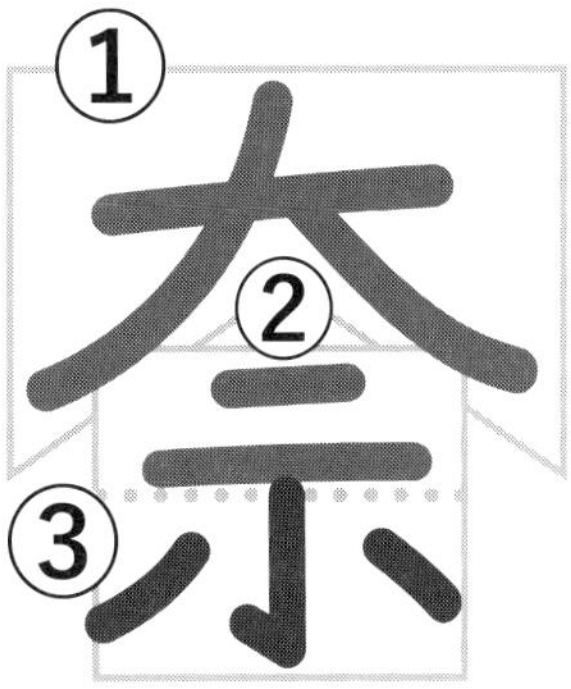

◆ ―

● ナ

奈良県（なら けん）

神奈川県（かながわ けん）

奈落（ならく）の底《そこ》

＝ぬけ出《だ》すことができない状態《じょうたい》。どん底《ぞこ》。

カリンの木《き》／なに／どうして

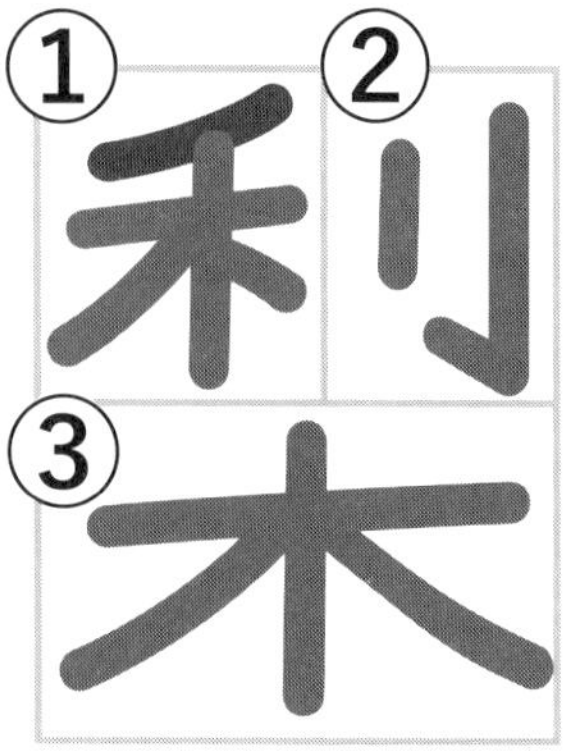

梨

◆なし

●山梨県（やま なし けん）
梨（なし）の木《き》

熱

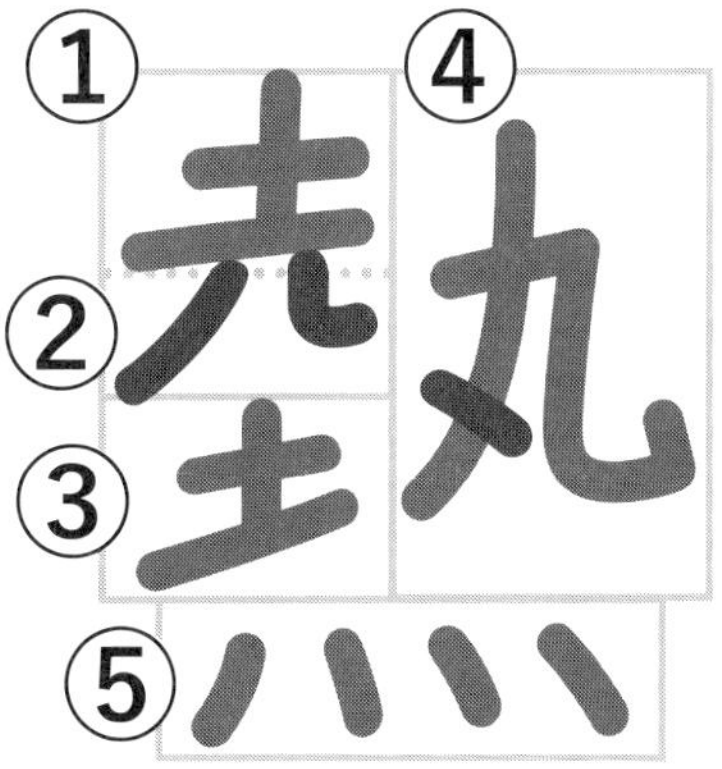

◆あつ-い

ネツ

●熱（あつ）い湯《ゆ》

熱意（ねつい）がある人《ひと》

発熱（はつねつ）する。

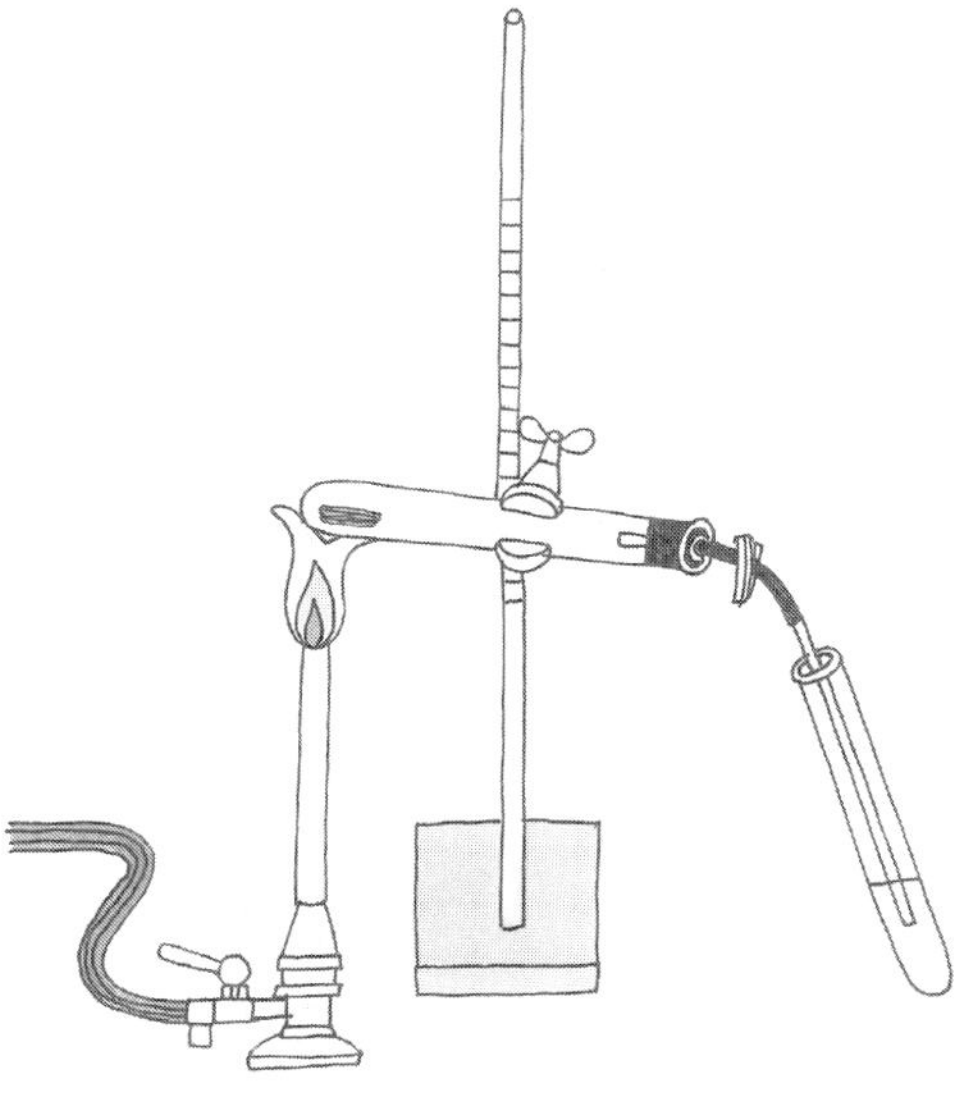

念

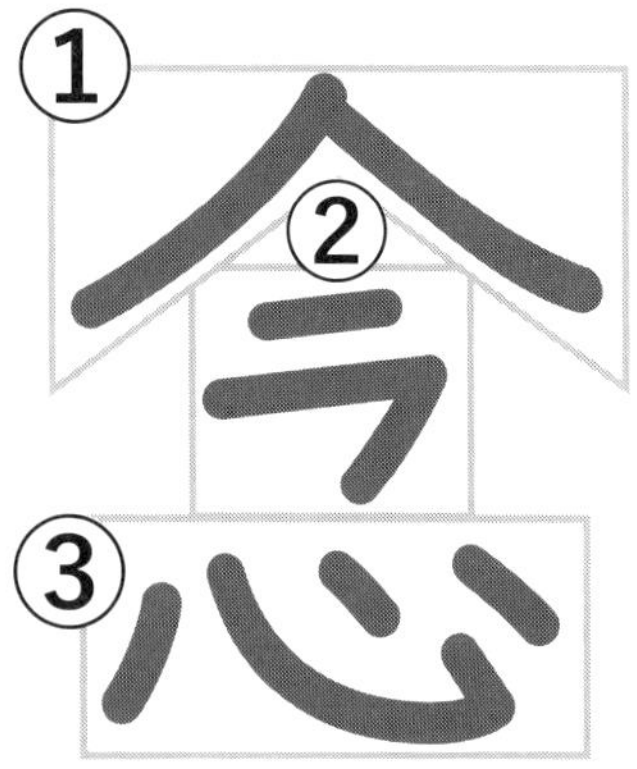

いつも心《こころ》に思《おも》う

◆ ―

ネン

●記念（きねん）日《び》

念（ねん）のために電話《でんわ》を入《い》れる。

敗

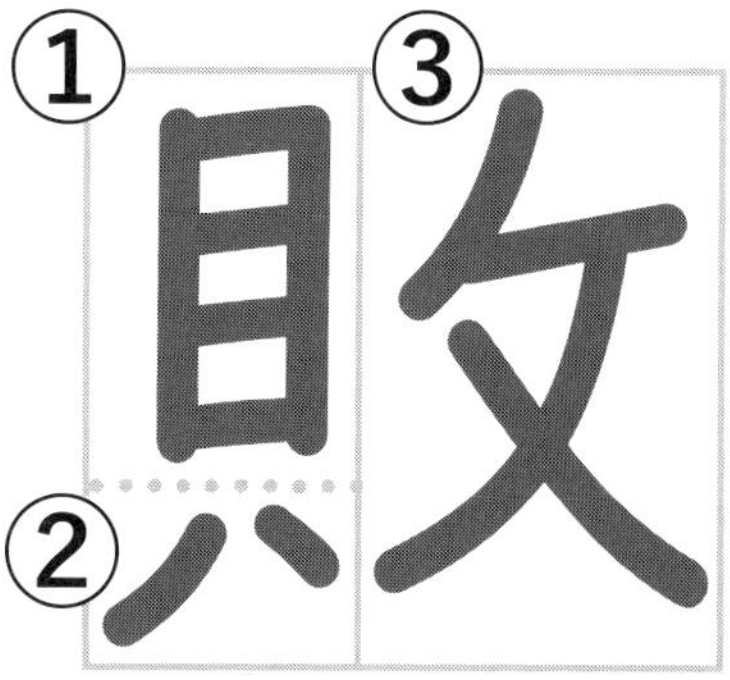

◆やぶ-れる

ハイ

●決勝《けっしょう》で敗（やぶ）れる。

敗者（はいしゃ）

戦《たたか》いに負《ま》ける

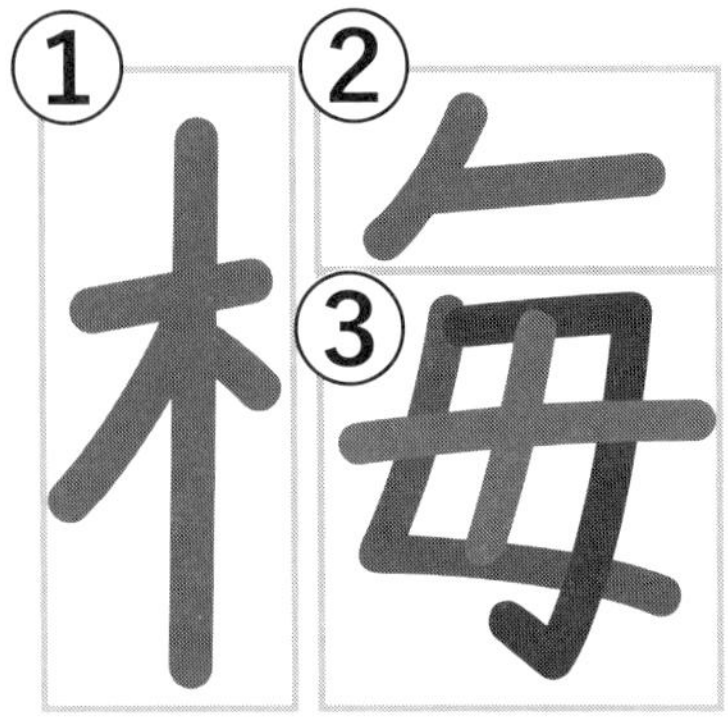

梅

◆うめ
バイ

●梅（うめ）の実《み》
梅雨（ばいう）前線《ぜんせん》

博

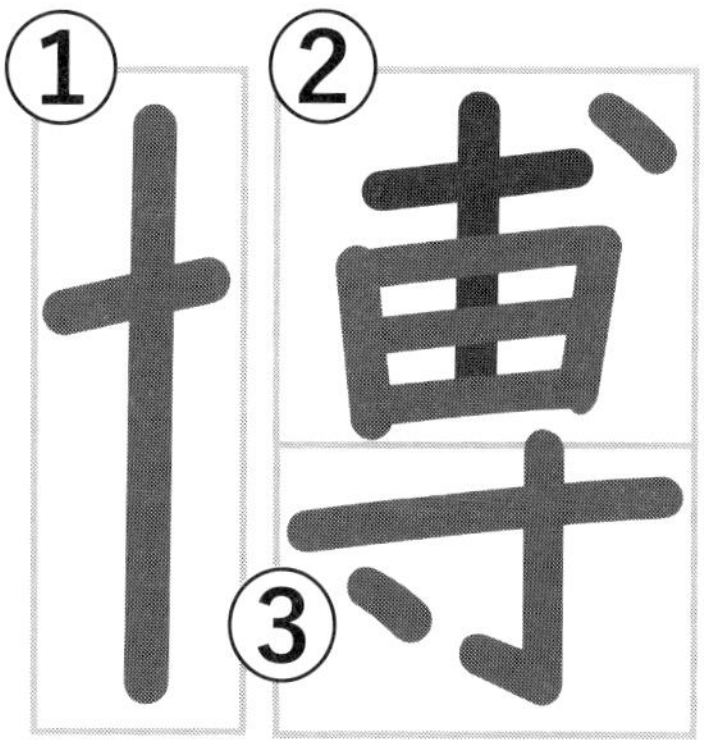

◆ —

ハク、バク

● 博識（はくしき）

博物館（はくぶつかん）

博士（はくし）＊（はかせ）

広《ひろ》い／物事《ものごと》を広《ひろ》く知《し》る

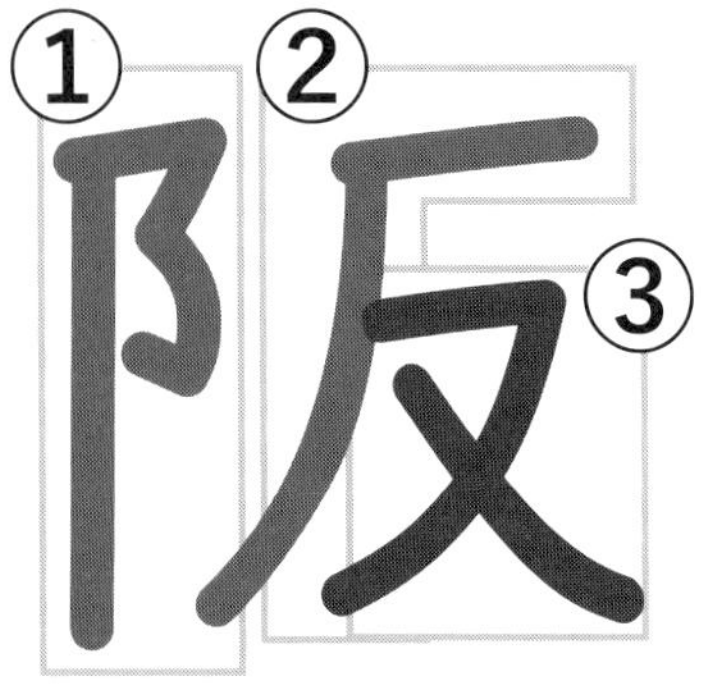

阪

◆［さか］
［ハン］

●大阪府（おおさかふ）
阪神（はんしん）地方《ちほう》

飯

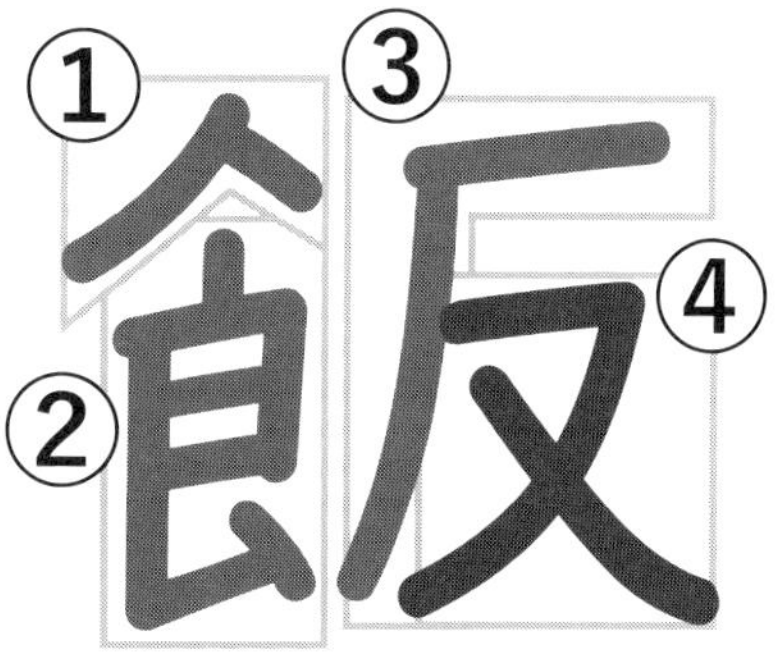

◆めし

ハン

●にぎり飯（めし）

米《こめ》の飯（めし）

夕飯（ゆう　はん）

飛

◆と－ぶ、と－ばす

ヒ

●鳥《とり》が飛（と）ぶ。

種《たね》を飛（と）ばす植物《しょくぶつ》

飛行機（ひこうき）

必

◆かなら-ず

ヒツ

●必（かなら）ず行《い》く。

必要（ひつよう）なもの

票

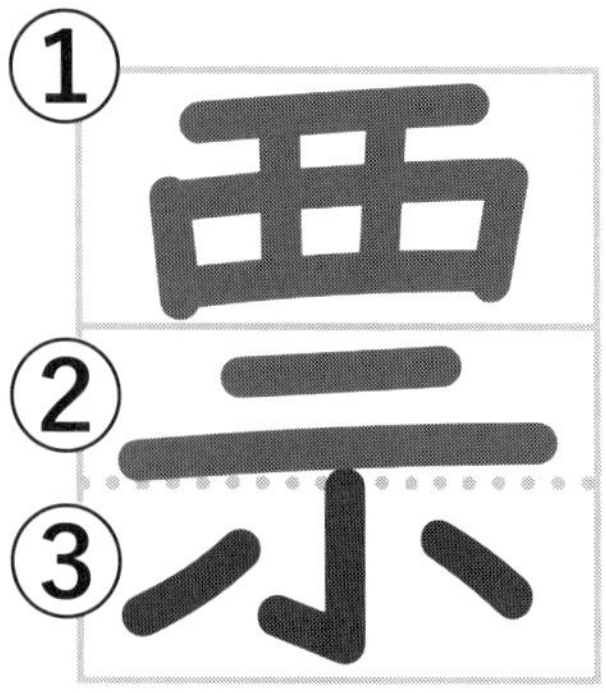

ふだ

◆ —

ヒョウ

●投票（とう ひょう）する。

選挙《せんきょ》の開票（かい ひょう）速報《そくほう》

銀行《ぎんこう》の受付票（うけ つけ ひょう）

反対票（はん たい ひょう）を投《とう》じる。

標

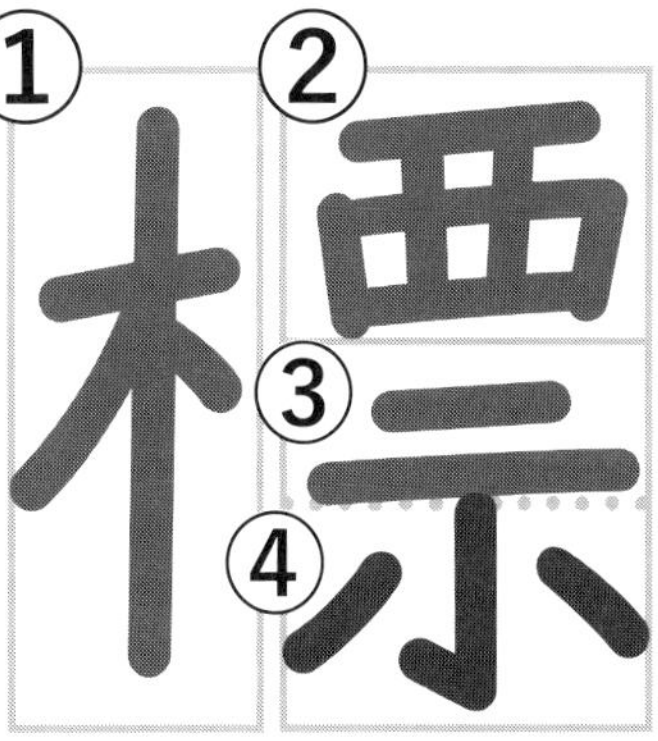

◆ —

ヒョウ

● 標識（ひょう しき）

目標（もく ひょう）を立《た》てる。

目《め》じるし

不

…しない／…でない

◆ ー

フ、ブ

● 不幸（ふこう）

不安（ふあん）な気《き》持《も》ち

不器用（ぶきよう）な人《ひと》

夫

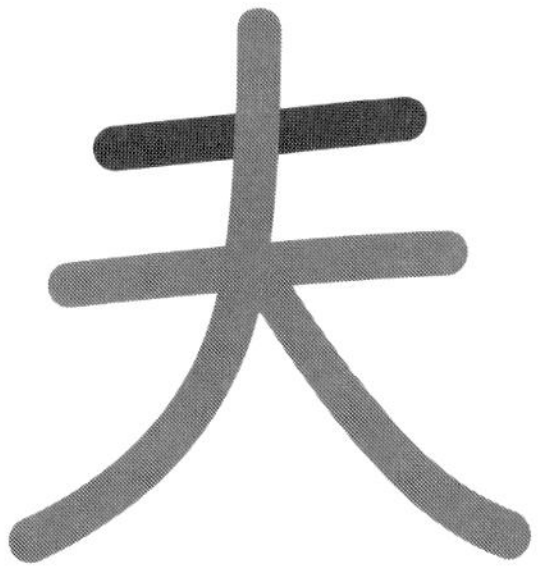

◆おっと
フ、フウ

●夫（おっと）と妻《つま》
水夫（すいふ）
夫婦（ふうふ）

付

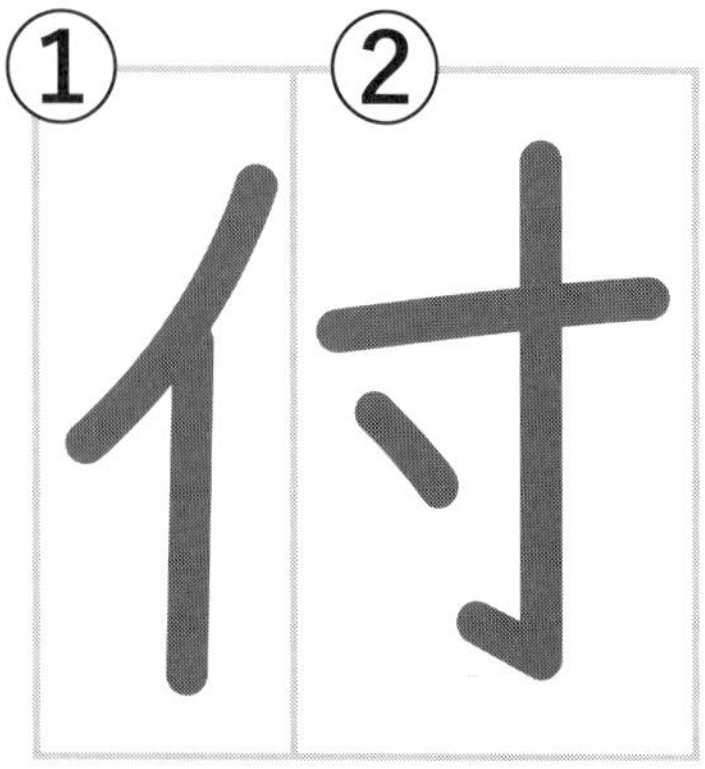

◆つ｜ける、つ｜く

フ

●ドアにかぎを付（つ）ける。

気《き》が付（つ）く。

災害《さいがい》が起《お》きた地域《ちいき》に寄付（きふ）する。

雑誌《ざっし》の付録（ふろく）

府

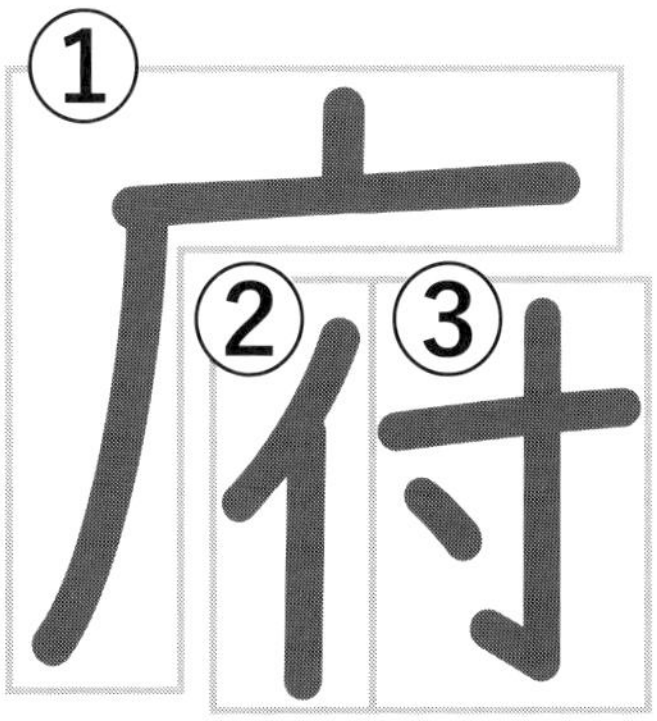

◆ —
フ

● 都《と》道《どう》府（ふ）県《けん》
政府（せいふ）の仕《し》事《ごと》

役所《やくしょ》／中心地《ちゅうしんち》

阜

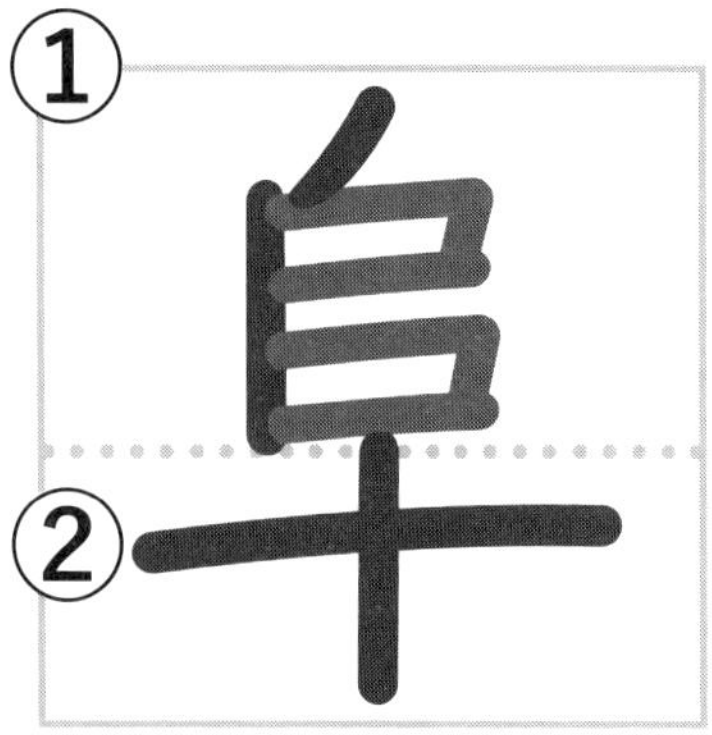

高《たか》くもりあがった土地《とち》

◆ ―

フ

● 岐阜県（ぎ ふ けん）

富

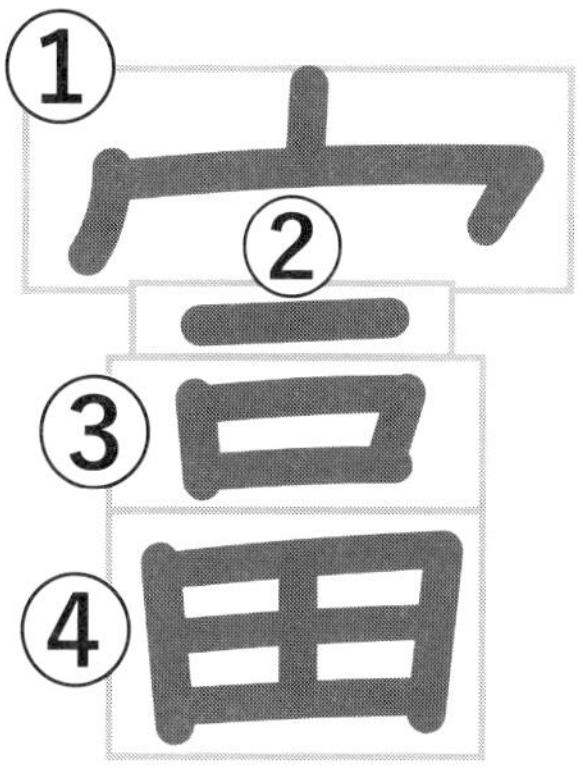

◆と－む、とみ

フ、［フウ］

●変化《へんか》に富（と）む。

富（と）む国《くに》と貧《まず》しい国《くに》

富（とみ）を築《きず》く。

富士山（ふじ さん）

富山県（と やま けん）

副

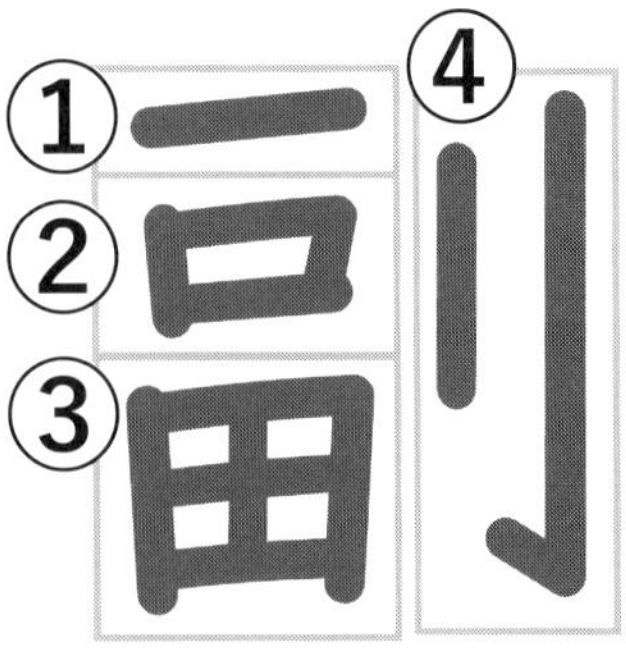

ひかえ／ともなって起《お》こる

◆―

フク

●副社長（ふく　しゃ　ちょう）

薬《くすり》の副作用（ふく　さ　よう）

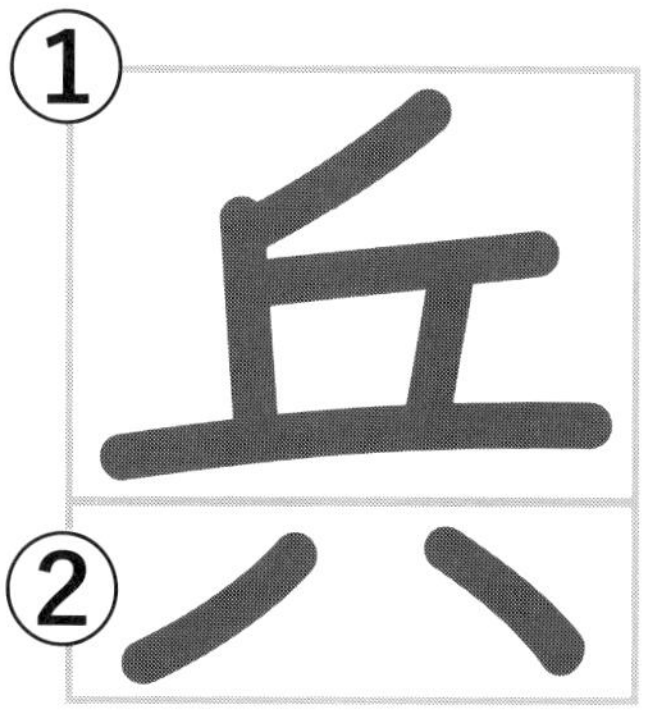

◆ ——

ヘイ、ヒョウ

● 兵士（へいし）

兵庫県（ひょうごけん）

軍人《ぐんじん》

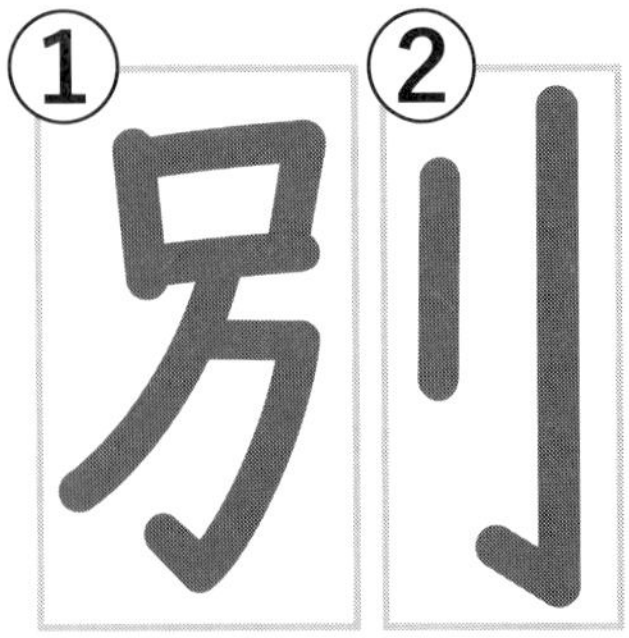

別

◆わか－れる

ベツ

●友《とも》だちと別（わか）れる。

区別（くべつ）する。

ごみの分別（ぶんべつ）

辺

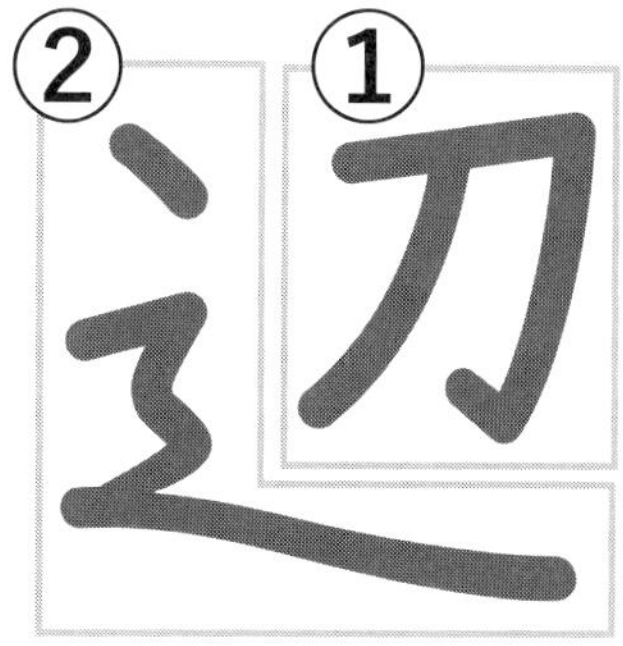

◆あた－り、べ

ヘン

●この辺（あた）りは住宅地《じゅうたくち》だ。

海辺（うみ　べ）

二等辺（に　とう　へん）三角形《さんかっけい》

駅《えき》の周辺（しゅう　へん）

変

◆か－わる、か－える
ヘン
●季節《きせつ》が変（か）わる。
作戦《さくせん》を変（か）える。
変化（へんか）

① 亦
② 夂

便

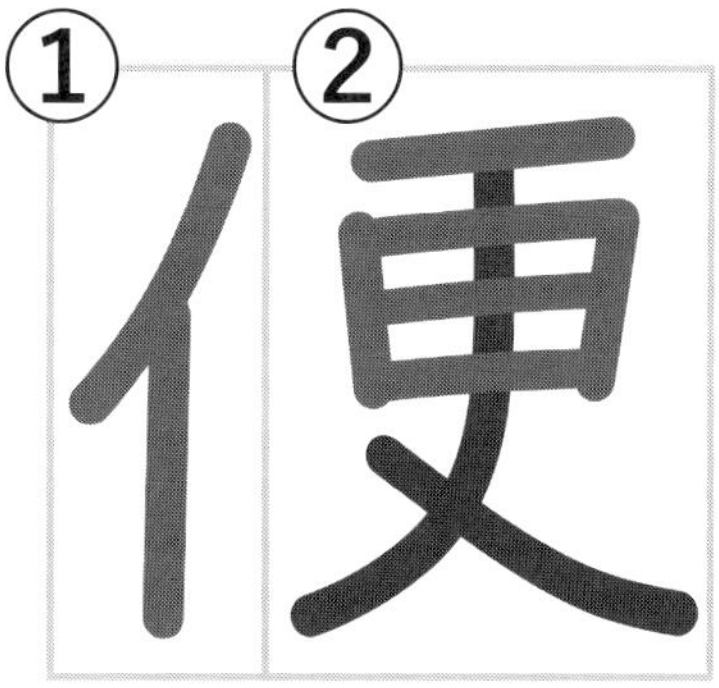

◆たよ－り

ベン、ビン

●風《かぜ》の便（たよ）り

＝どこからともなく伝《つた》わってくるうわさ。

便利（べんり）な道具《どうぐ》

郵便（ゆうびん）

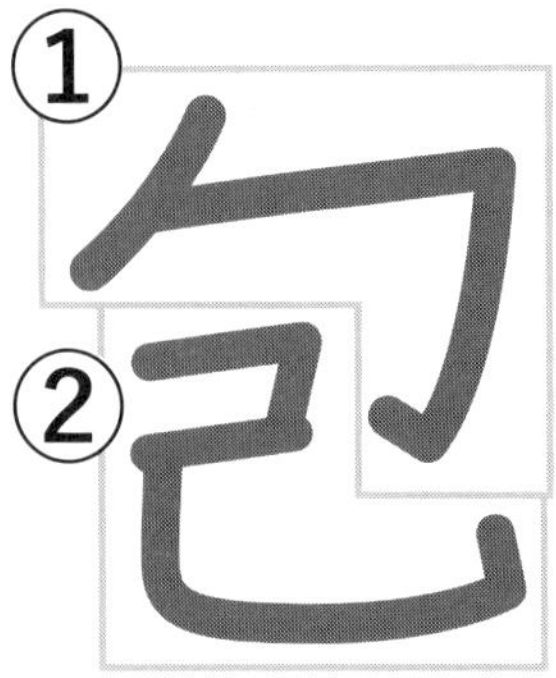

包

◆つつ－む
ホウ

●プレゼントを包（つつ）む。
ライオンの群《む》れはシマウマを包囲（ほうい）した。
傷《きず》に包帯（ほうたい）を巻《ま》いた。

法

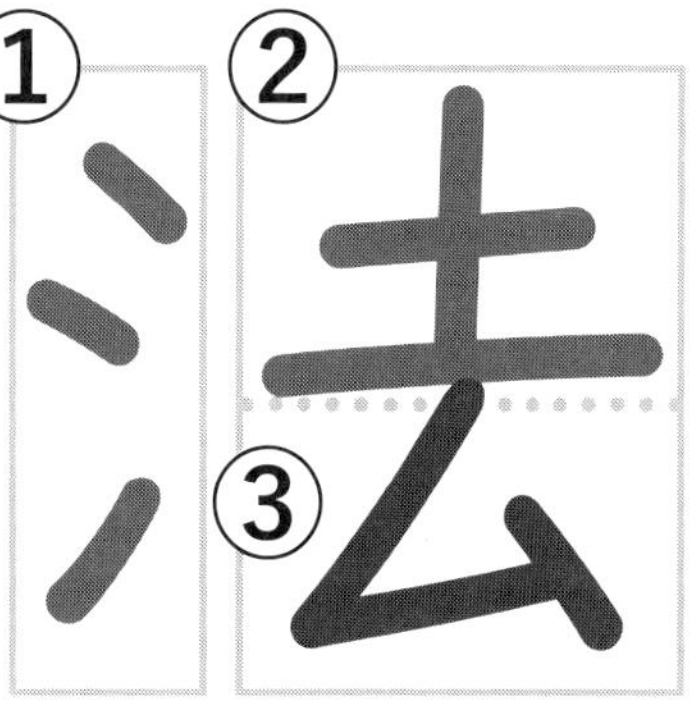

◆―
ホウ、ハッ、ホッ

● 方法（ほうほう）
法律（ほうりつ）を守《まも》る。
ご法度（はっと）
＝禁《きん》じられていること。

きまり／やり方《かた》

望

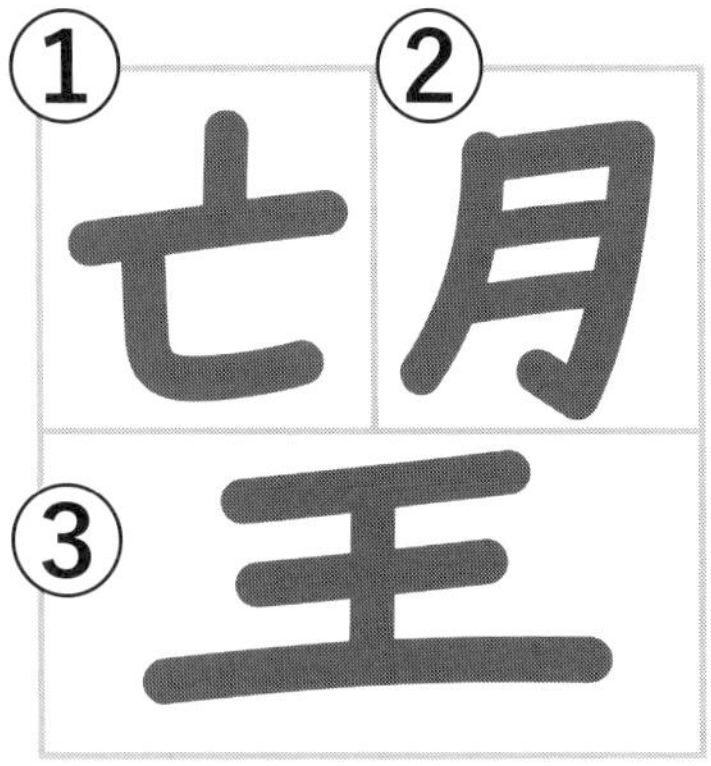

◆のぞ－む

ボウ、モウ

●成功《せいこう》を望（のぞ）む。

希望（きぼう）

本望（ほんもう）

牧

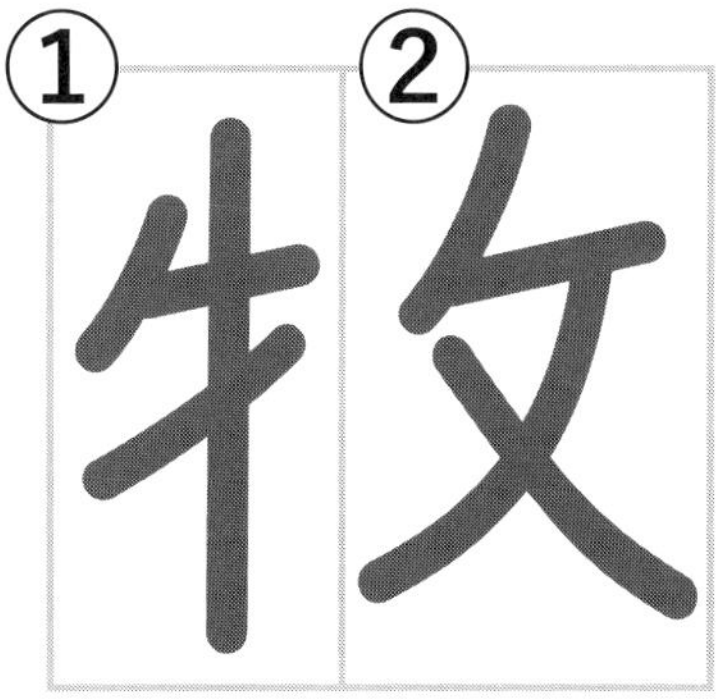

◆まき
ボク

●広《ひろ》い牧場（まきば）
放牧（ほうぼく）

牛《うし》や馬《うま》などを放《はな》し飼《が》いにする

末

◆すえ
マツ、バツ

●考《かんが》えた末（すえ）にやることに決《き》めた。

年末（ねん まつ）

満

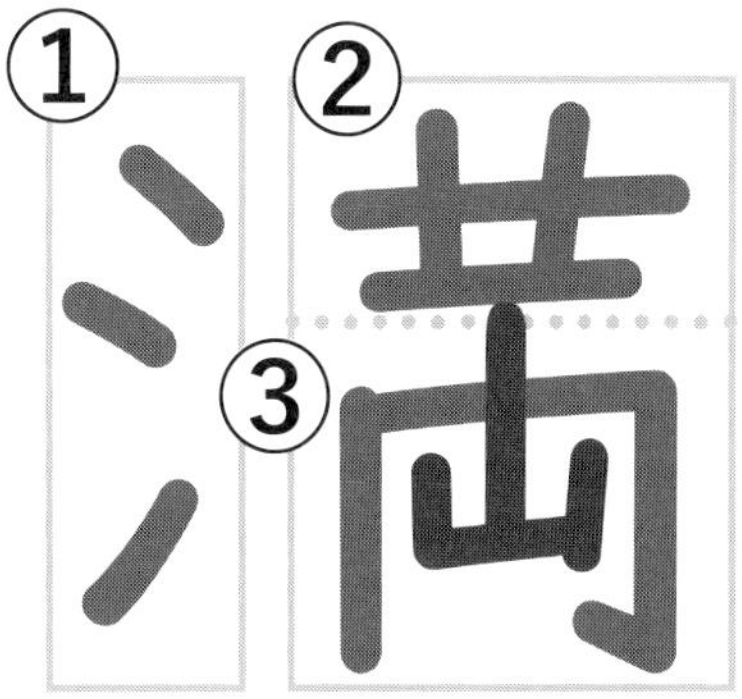

◆みーちる、みーたす

マン

●潮《しお》が満（み）ちる。

＝月《つき》の引力《いんりょく》が海水《かいすい》を引《ひ》っぱるために海面《かいめん》が
しだいに上《あ》がること。

時《とき》が満（み）ちる。

＝物事《ものごと》を行《おこな》うのに最高《さいこう》のタイミングになること。

条件《じょうけん》を満（み）たす。

満点（まん てん）をとる。

未

まだ…していない

◆ ―

ミ

● 未来（みらい）

未知（みち）の世界《せかい》

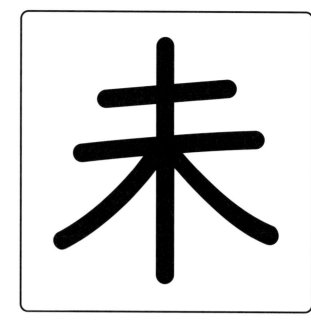

民

◆たみ

ミン

●海《うみ》の民（たみ）と山《やま》の民（たみ）

国民（こく みん）

人民（じん みん）

民話（みん わ）

民族（みん ぞく）

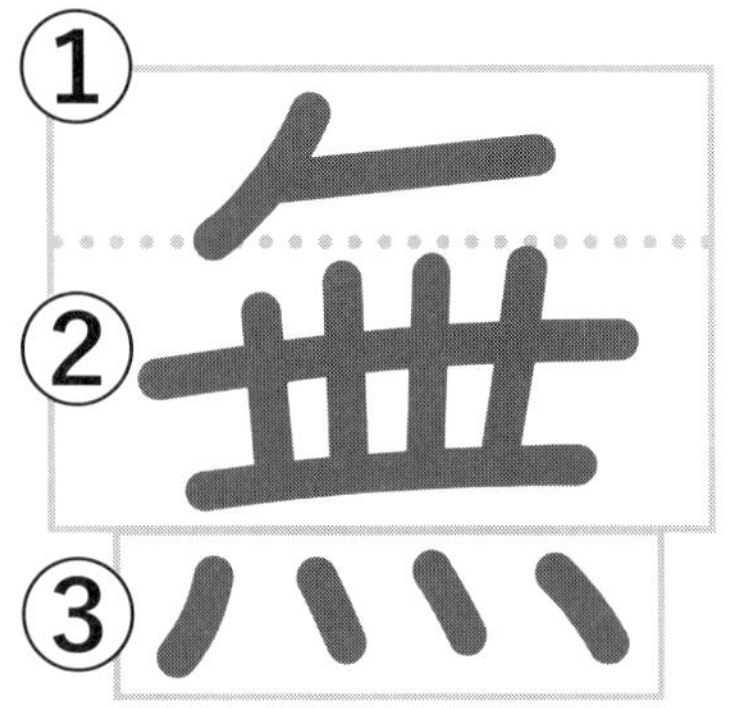

無

◆なーい
ム、ブ

●お金《かね》が無（な）い。
無料（むりょう）
無理（むり）なことはしない。
無事（ぶじ）に終《お》える。

約

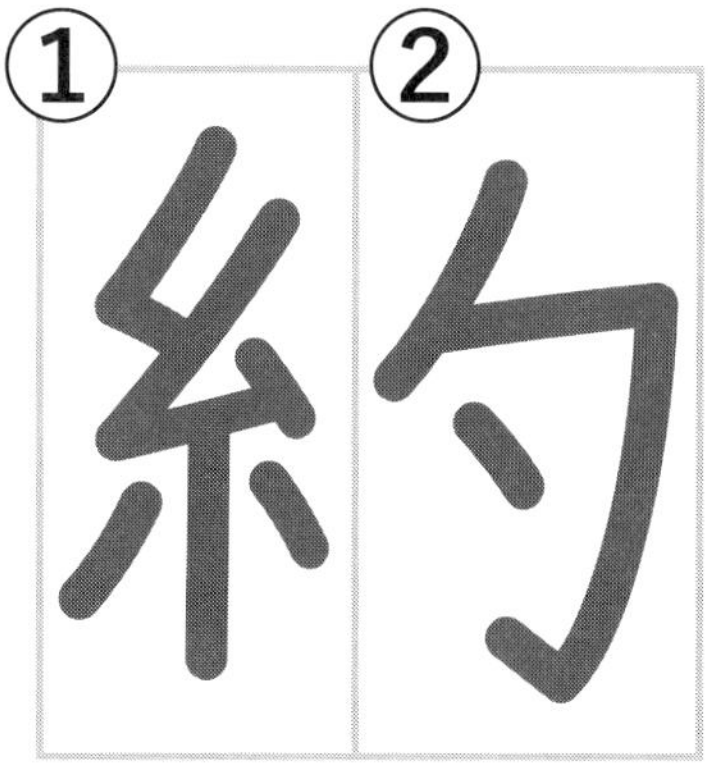

◆ —

ヤク

●条約（じょう　やく）

約分（やく　ぶん）

約（やく）半分《はんぶん》の大《おお》きさ

とりきめる／おおよそ

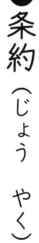

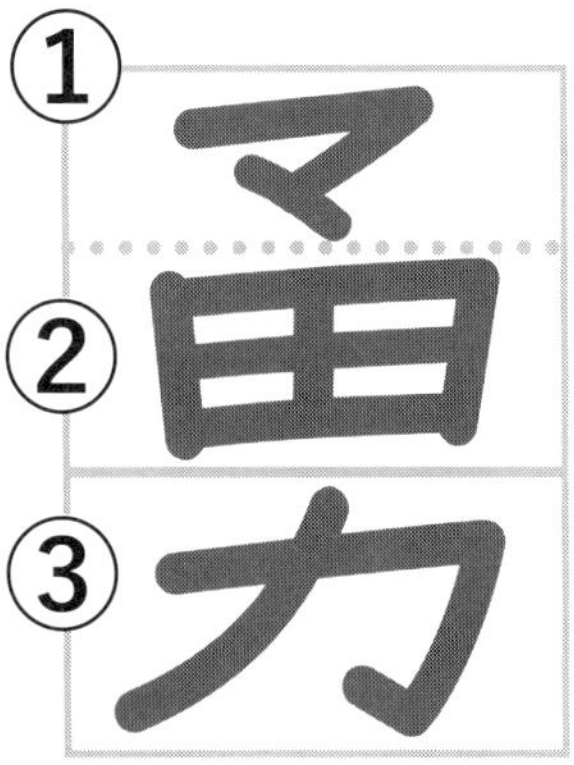

勇

◆いさ－む

ユウ

●勝利《しょうり》に喜《よろこ》び勇（いさ）む。

勇（いさ）まし＊い若者《わかもの》

勇気（ゆうき）がある人《ひと》

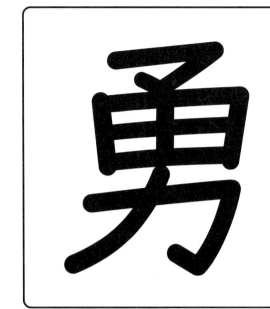

要

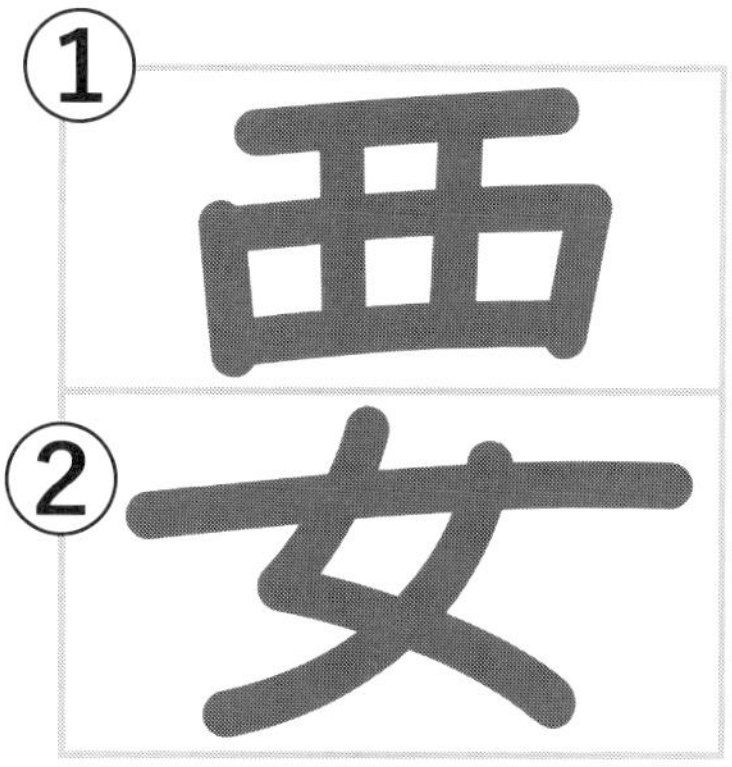

◆かなめ
い－る
ヨウ

●要（かなめ）となる人物《じんぶつ》
このケーキを作《つく》るには卵《たまご》が
要（い）る。
要点（ようてん）をまとめる。

養

①美 ②良

◆やしな-う

ヨウ

●家族《かぞく》五人《ごにん》を養（やしな）う。

栄養（えいよう）のある食《た》べ物《もの》

浴

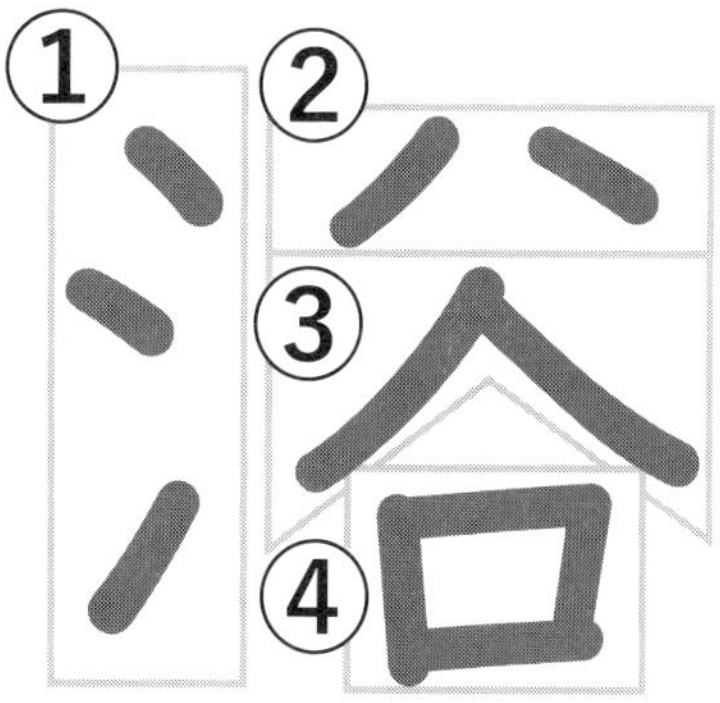

◆あ－びる、あ－びせる
ヨク

●シャワーを浴（あ）びる。
大声《おおごえ》を浴（あ）びせる。
浴室（よく しつ）

利

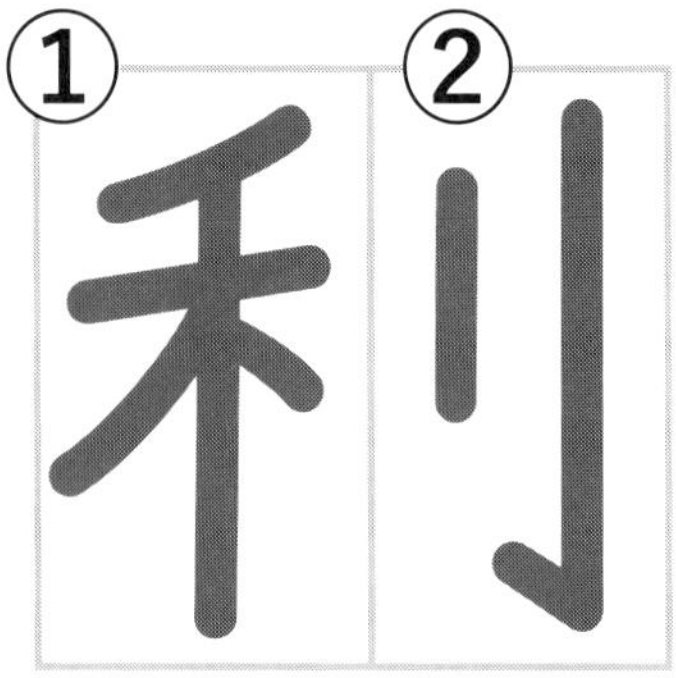

するどい／役立《やくだ》つ

◆き－く
リ

●よく気《き》の利（き）く人
利子（りし）
図書館《としょかん》を利用（りよう）する。

陸

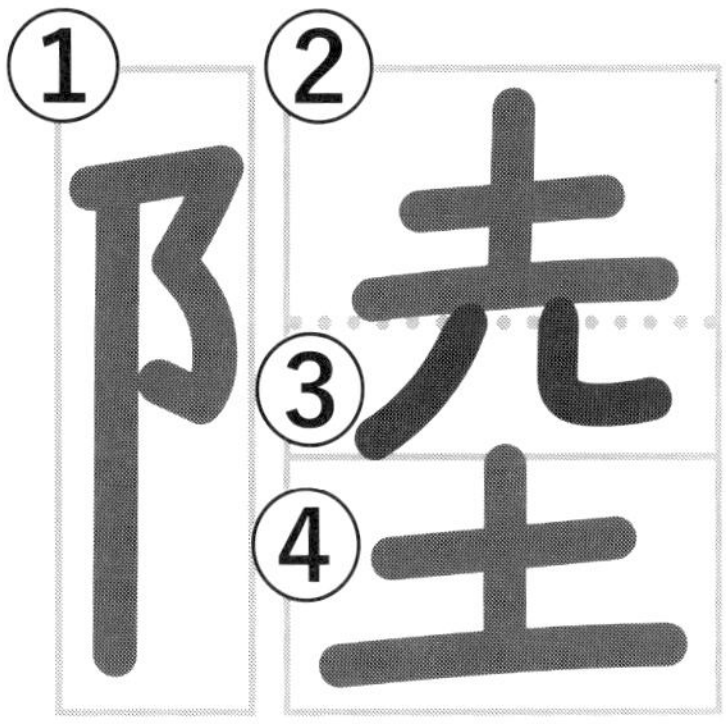

◆ ー

● リク

大陸（たいりく）

陸地（りくち）は、地球《ちきゅう》の表面《ひょうめん》の約《やく》三十《さんじゅっ》パーセントだ。

つづく広《ひろ》い土地《とち》

良

◆よ－い

リョウ

●良(よ)い行《おこな》い

良質(りょうしつ)な品《しな》

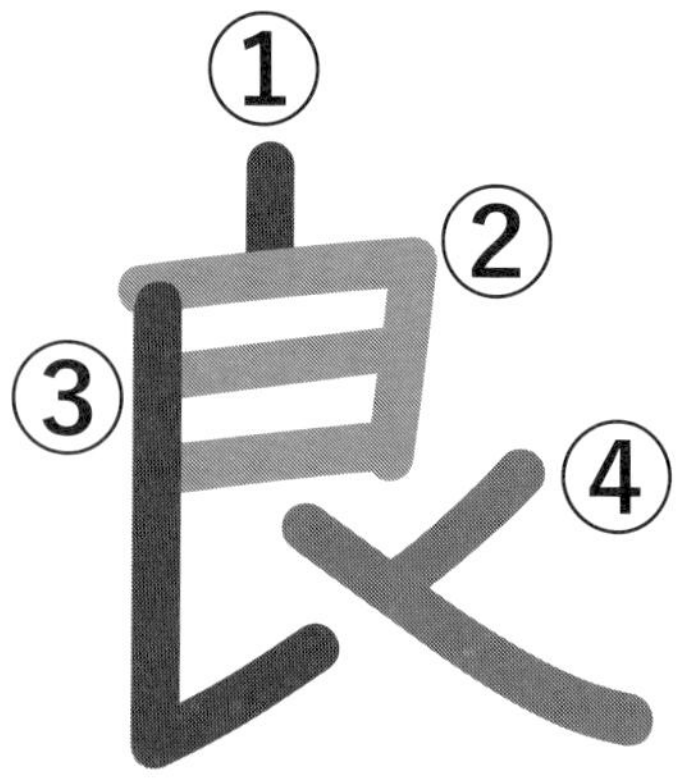

料

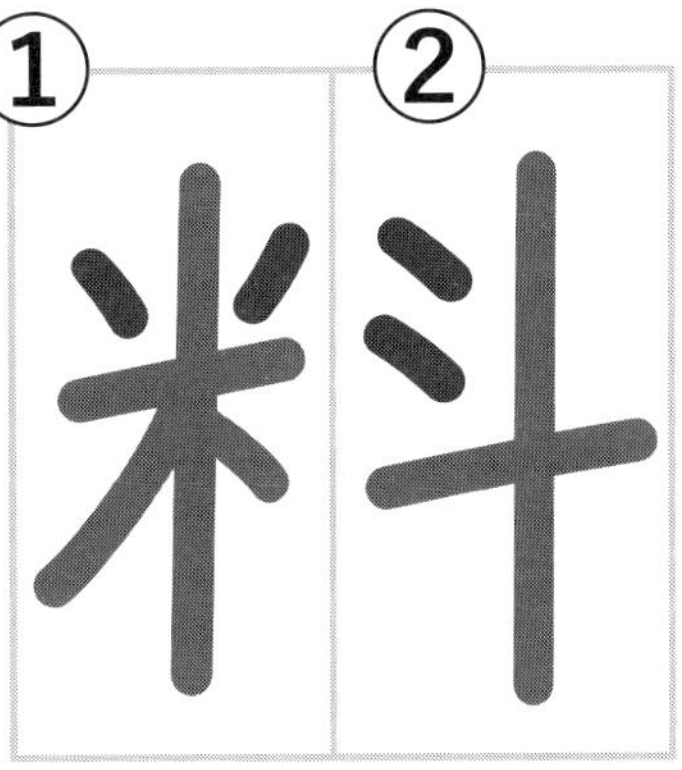

◆ —

リョウ

● 料理（りょうり）
料金（りょうきん）
材料（ざいりょう）をそろえる。

おしはかる／もとになるもの

量

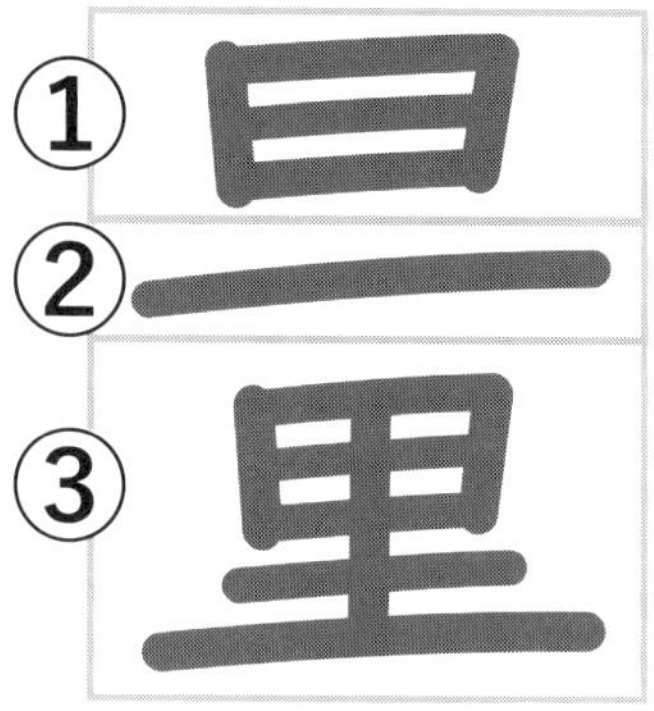

◆はか−る

リョウ

●体重《たいじゅう》を量（はか）る。

容量（ようりょう）

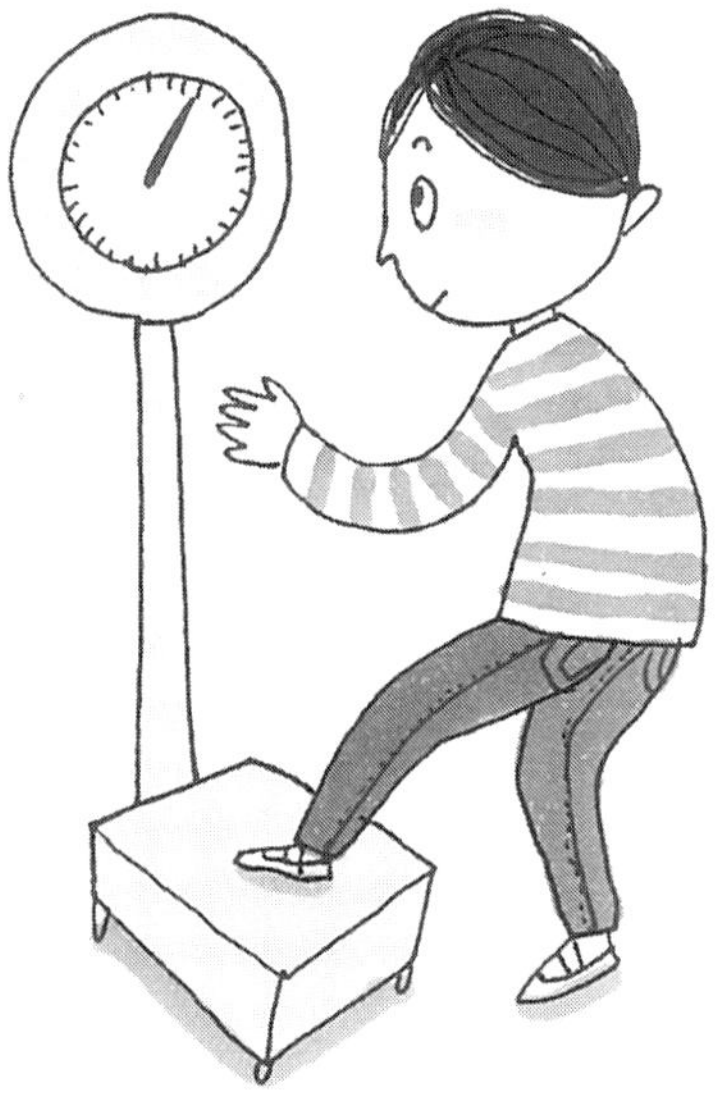

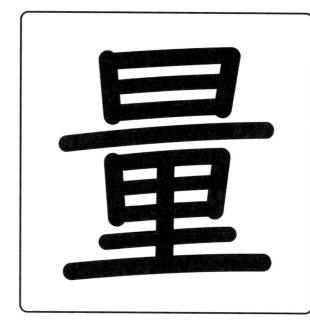

輪

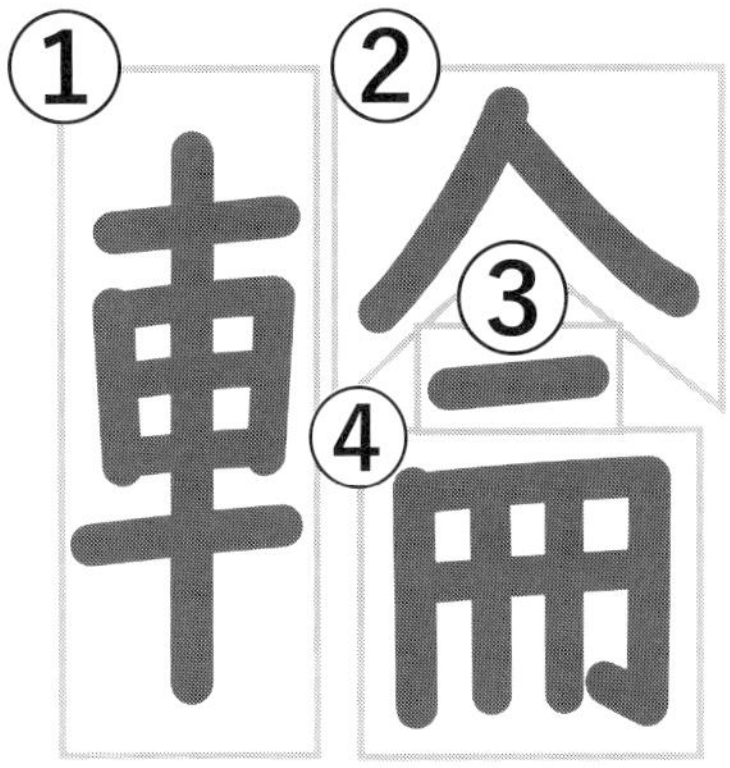

◆わ
リン

●ひもで輪（わ）っかを作《つく》る。
犬《いぬ》の首輪（くびわ）
車輪（しゃりん）
一輪（いちりん）の花《はな》
一輪車（いちりんしゃ）

類

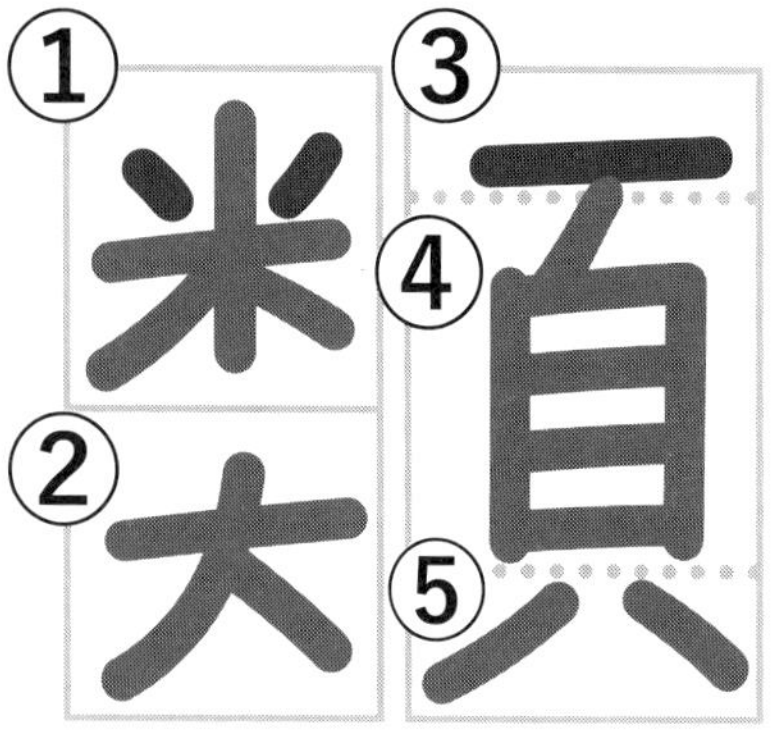

似《に》ている／なかま

◆たぐ－い

ルイ

●類（たぐ）いまれな才能《さいのう》

植物《しょくぶつ》を分類（ぶんるい）する。

書類（しょるい）

人類（じんるい）

令

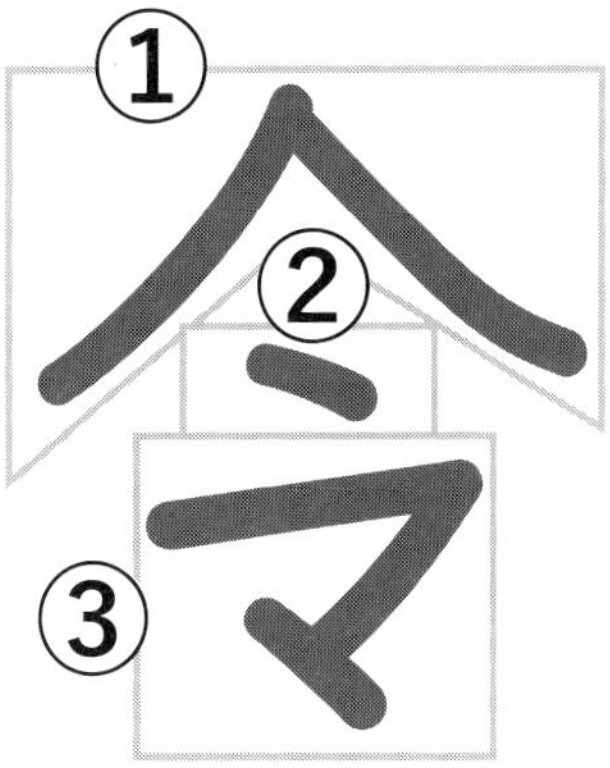

◆—

レイ

●号令（ごうれい）をかける。
指令（しれい）を出《だ》す。

命《めい》じる／おきて／よい

冷

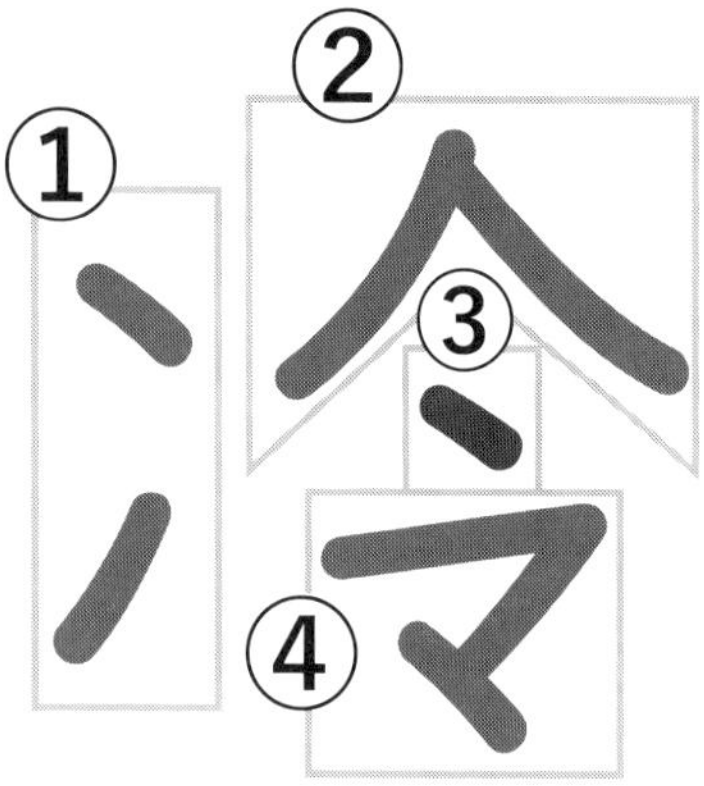

◆つめ－たい
ひ－える、ひ－や、ひ－やす、
ひ－やかす
さ－める、さ－ます
レイ

●手《て》が冷（つめ）たい。
体《からだ》が冷（ひ）える。
氷《こおり》で冷（ひ）やす。
料理《りょうり》が冷（さ）める。
熱《ねつ》を冷（さ）ます。
冷蔵庫（れいぞうこ）

例

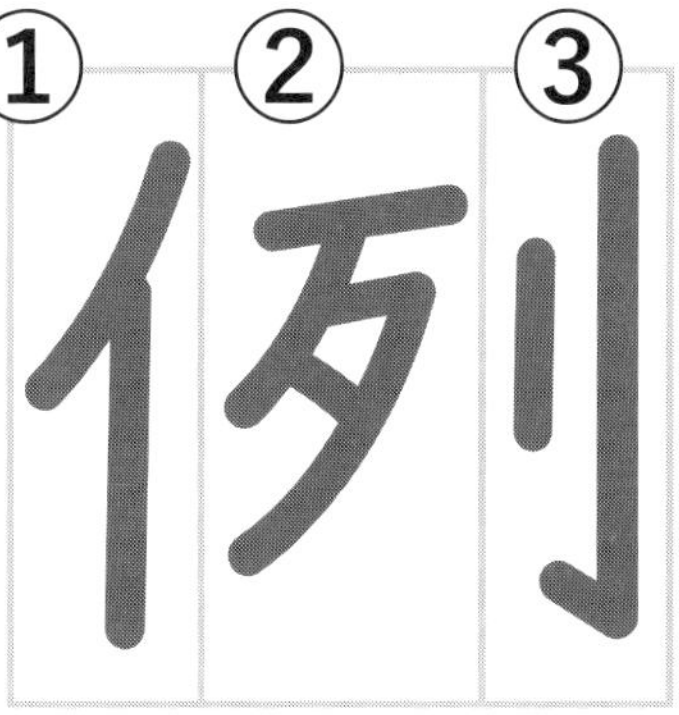

◆たと－える

レイ

●マンガの登場《とうじょう》人物《じんぶつ》に例（たと）える。

例（たと）えば

例題（れい　だい）

連

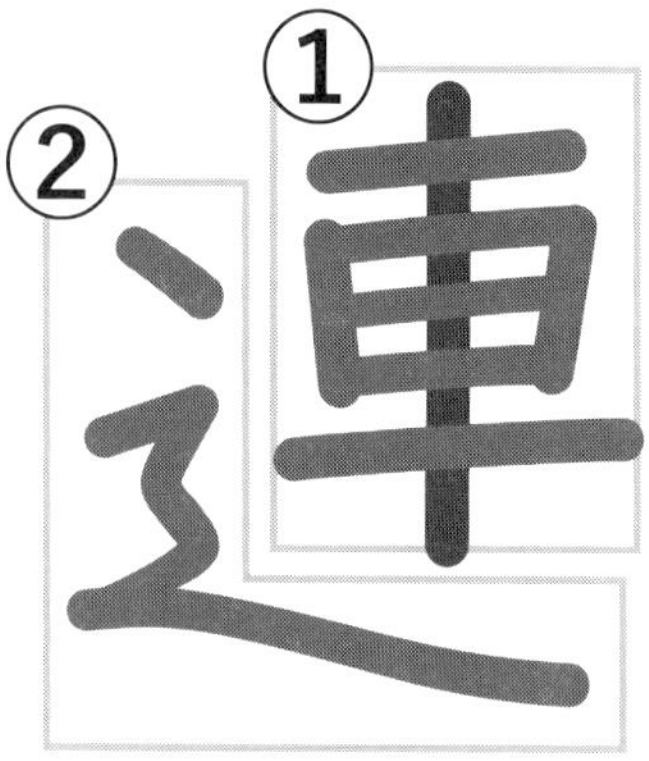

◆つら－なる、つら－ねる
つ－れる
レン

●車《くるま》が連（つら）なる。
メンバーに名《な》を連（つら）ねる。
犬《いぬ》を連（つ）れる。
連続（れん ぞく）
学校《がっこう》に連（れん）らくする。

老

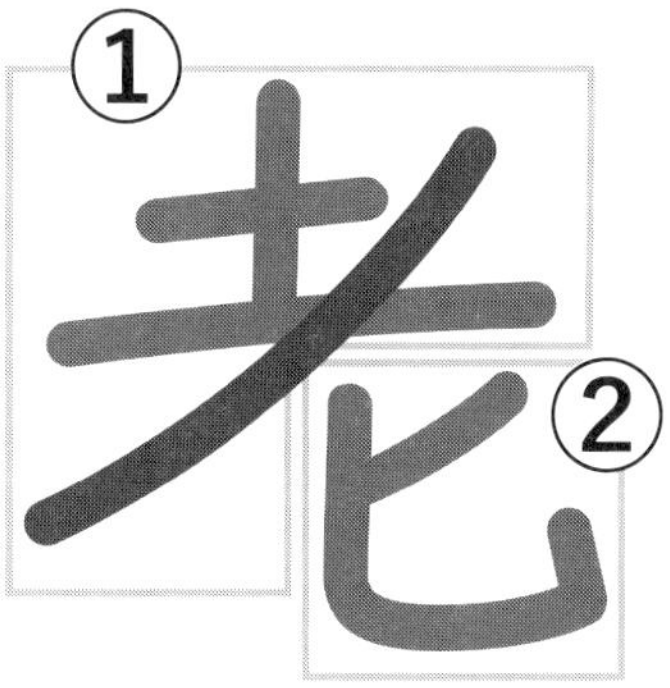

◆おーいる
ふーける
ロウ

●体《からだ》が老（お）いる。
急《きゅう》に老（ふ）ける。
老人（ろうじん）

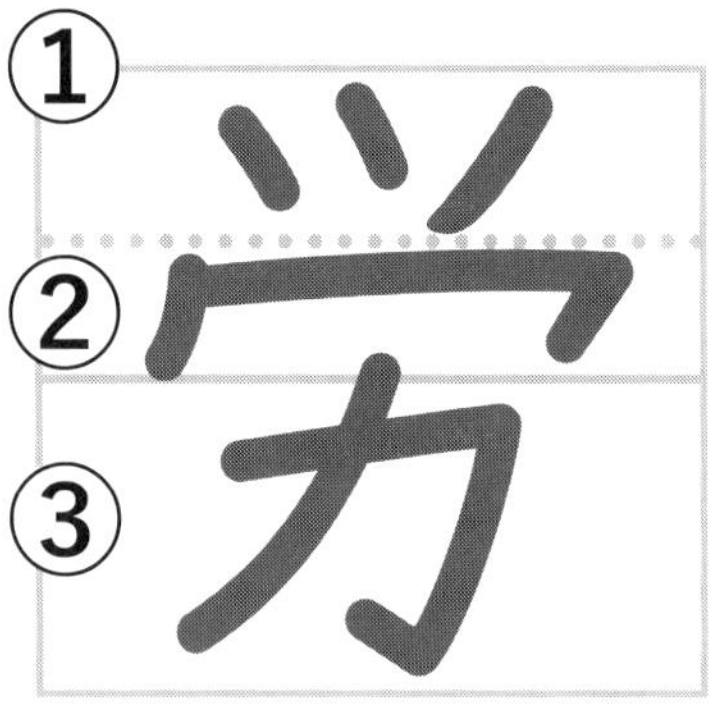

労

働《はたら》く／つかれる

◆ ―

ロウ

● 労働（ろう　どう）

コミュニケーションに苦労（く　ろう）する。

録

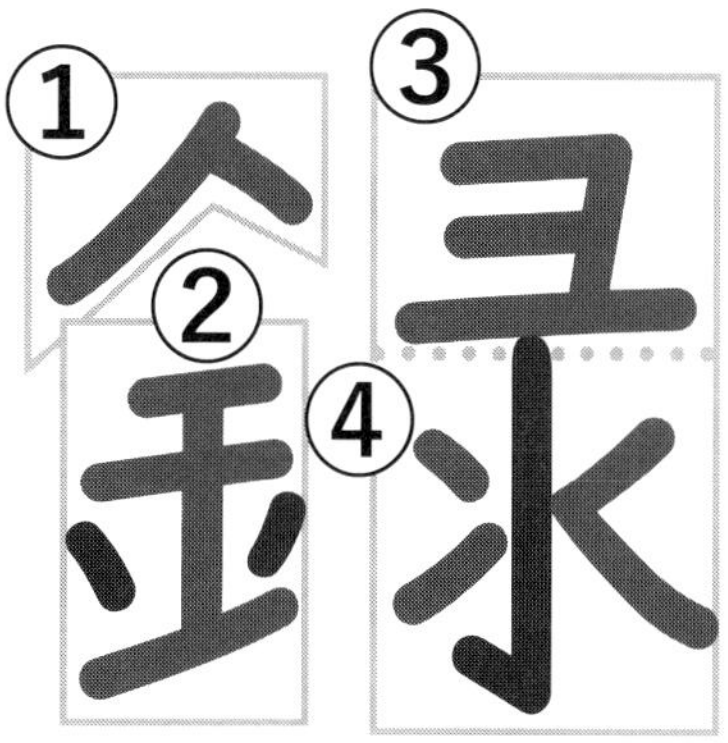

◆ —

ロク

●実験《じっけん》の結果《けっか》を記録（き　ろく）する。

音声《おんせい》を録音（ろく　おん）する。

記《しる》す

―大きな文字でわかりやすい―
小学生で習う漢字1026字
【4年　202字】

2023年11月1日初版発行

［発行・編集製作］
有限会社 読書工房
〒171-0031
東京都豊島区目白2-18-15
目白コンコルド115
電話：03-6914-0960
ファックス：03-6914-0961
Eメール：info@d-kobo.jp
https://www.d-kobo.jp/

［表紙・本文デザイン］
諸橋 藍
［フォント製作］
有限会社 字游工房
［本文イラスト］
近藤理恵
［表紙キャラクターデザイン］
森 華代
［内容構成に関する助言・内容チェック］
大隅紀子
三宅洋信
［用例作成・校正協力］
石井裕子
大隅紀子
［用紙］
株式会社 西武洋紙店
［印刷製本］
株式会社 厚徳社
［出版助成］
一般財団法人 日本児童教育振興財団